逆転のグローバル戦略

ローエンドから
攻め上がれ

西村 裕二
アクセンチュア株式会社 執行役員
経営コンサルティング本部 統括本部長

英治出版

はじめに

私の所属するアクセンチュアでは、ここ一〇年近くかけて「ハイパフォーマンス・ビジネス（High Performance Business：以下ＨＰＢ）」と「マルチポーラー・ワールド（Multi Polar World：多極化世界。以下ＭＰＷ）」という二つのテーマについて調査研究を重ねてきた。「ＨＰＢ」では、五〇〇社の世界中のハイパフォーマンス企業を調査し、その特性を研究してきた。また、「ＭＰＷ」では、経済の中心の先進国から新興国へのシフトに向けて、外部環境の変化を整理し、企業はどのような対応をとっているかを研究してきた。この調査の中では欧米だけでなく、ＢＲＩＣｓなどの新興国のハイパフォーマンス企業の研究も実施している（これらの調査の詳細をご覧になりたい方は弊社ホームページhttp://www.accenture.com/Countries/Japan/Research_and_Insights/default.htmをご参照ください）。本書はこれらの二つの調査をベースに作成されている。

この研究を通じて、海外のハイパフォーマンス企業がこの二〇年で飛躍的な進化を遂げていることがわかった。一方で、日本企業の進化は止まっていたようだ。ここ二〇年の日本企業のありさまは、特異な進化を示す「ガラパゴス化」というよりは、生命機能は維持しながらも進化が止まる状態である「冬眠」というほうが適当だろう。

ハイパフォーマンス企業はどう進化したか？　第一ステップとして、彼らは日本企業を「模範」と見なし、日本企業に追いつくことをめざしてきた。彼らは一九八〇年代後半から、それ以前の日本企業への傲慢な態度を改め、謙虚な姿勢で日本企業の「ＴＱＭ（Total Quality Management）」や「カイゼン」などの経営手法を徹底的に学習することにより、効率性と品質を飛躍的に向上させた。

その後、第二ステップとして、新興国の成長とともに新興国市場へ参入することに成功した。さらにグローバルスケールを徹底的に活かした内部のオペレーションの見直しにより、圧倒的な効率性とスピードを手に入れることに成功した。

一方、日本企業はどのようにこの二〇年を過ごしてきたのだろうか？　高度成長期の成功体験を忘れられず、ＢＰＲ・ＳＣＭ・ＣＲＭ・ＢＳＣなど欧米発のいわゆる「三文字」経営手法や考え方を部分的には取り入れてきたが、本質的な企業変革はしてこなかったようである。今世紀に入り、日本企業は海外のハイパフォーマンス企業に成長性、収益性の両面で大きく水を開けられていることが明らかになったにもかかわらず、その格差を「円高」などの外部環境のせいにして、自社の経営モデルを抜本的に変えるような改革を行ってこなかった。

このような危機感のなさに加え、勇気のある決断もしてこなかった。かつての海外市場参入の失敗に懲りて、経営モデルの大きな変化へのリスクをとらなかった。日本企業の経営者の多くは「サラリーマン経営者」であるため、在位期間が短く長期的な変革プランを立てても実行できる確信がないのも一つの要因だろう。

この二〇年で開いたギャップをどのように埋めればいいか？　多くの日本企業は、世界でトップクラスの優秀な人材からなるハイパフォーマンス企業が二〇年近くの時間をかけて築いてきたものにどうやって追いつけばいいのかわからない、というだろう。

しかし私は、今なら何とか間に合うと思う。世界景気が低迷し金融市場が十分機能しないうちは、ハイパフォーマンス企業の成長戦略は停滞する。資金効率を上げる経営を行ってきたハイパフォーマンス企業は、現在は成長のための積極投資ではなく、いつまで不況が続くかわからない不確実性に備えてキャッシュの蓄積を行っているからだ。この猶予期間こそが日本企業にとって「最後のチャンス」である。

日本企業が今攻めないと、数年後には、海外のハイパフォーマンス企業が世界中の金融市場から多額の投資資金をかき集め、大きなリスクをとって勝負に出てくる可能性が高い。その途端、魅力的な市場、魅力的な買収先、あるいは虎の子の日本市場さえも守れなくなるリスクが顕在化する。

金融市場が息を吹き返す前に、改革を成し遂げる必要がある。猶予期間は三年程度しかないだろう。この三年で世界で戦う競争力をつけることができなければ、再び日本企業が世界の市場で頂点を極めるのは難しいだろう。

三年のスピードでハイパフォーマンス企業に追いつくには、試行錯誤している暇はない。ハイパフォーマンス企業を徹底的に真似て「学ぶ」ことだ。

これには、かつて欧米人を襲った「驕り」による「傲慢さ」が、現在の日本人の心の中に染み付いていることが大きな阻害要因となっている。中国のハイテク企業のファーウェイ・テクノロジー、韓国のサムスンやLG、メキシコのセメント会社のセメックス、ブラジルの航空機メーカーのエンブラエルなど、名前を挙げたらきりがないほど、欧米企業に優るとも劣らない数多くのハイパフォーマンス企業が新興国から出現している。一九八〇年代後半、欧米企業が心機一転して日本企業から学んだように、日本企業も戦後に欧米企業から学んだ謙虚さを思い出し、徹底的に学ぼうではないか。今度は学ぶ対象は欧米企業だけでなく、新興国企業にも広がる。

日本の良さを活かして再び世界の頂点へ

高度成長期には、日本企業は欧米企業に「追いつけ追い越せ」と、世界の頂点をめざして必死で努力してきた。しかし、いざ世界の頂点に到着したとき次の目標を失ってしまった。いわゆる「バーンアウト（燃え尽き）症候群」に陥ってしまったのだろう。

そして再び、めざすべき企業が現れた。「冬眠期間」を通じて、エネルギーの充電も十分できたことだろう。今こそ日本人が再びハングリー精神や上昇志向を発揮し、世界の頂点をめざす時だ。

日本は海外から「学ぶ」ことは、過去に何度も経験しており、和魂洋才はいわば日本のコアスキル。今のハイパフォーマンス企業の強みはグローバルスケールを活かしたものであり、欧米企業の得意な「大きく、広く考える」ことが有利に働いている。いったんグローバルスケールの享受が一段落すれば、次には再び、現場レベルまで深く掘り下げてアイデアを創出する力が強みとして活きる時がくる。そうなれば日本の社員の力が競争力を強化する源泉となるだろう。

本書は日本企業の方に、めざすべきハイパフォーマンス企業ではどのような経営が行われているかを説明し、さらにハイパフォーマンス企業に「追いつく」ためには何をどのようにすればいいかを考えていただくことを目的としている。本書が、日本企業がハイパフォーマンス企業から学び、再び世界の頂点に立つための一助となれば幸いだ。

謝辞

本書執筆には、アクセンチュアのＨＰＢやＭＰＷの調査の責任者である戦略グループ・グローバル統括リードのマーク・スペルマンの支援がなければ書けなかっただろう。また、日本においても、経営コンサルティング本部の皆さんに内容について多くの助言をもらった。特に、ＭＰＷチームやＭ＆Ａチームの皆さんには随分長く内容の議論に付き合ってもらった。

編集では、全体のとりまとめをしてもらったコンサルタントの猪野美里さん、マーケティングの中須藤子さん、秘書の坂本匡さんの助けがなくしては本書を書き終えることはできなかっただろう。

最後に、出版社の英治出版の原田英治社長、勝屋信昭さん、高野達成さんにはプロの視点からアドバイスをいただき感謝しています。

アクセンチュア流　逆転のグローバル戦略◈目次

第6章 オペレーション力――カイゼンから標準化へ 173

第7章

経営管理力——小さな本社から強い本社へ　213

第1章

不況の今こそ求められるパラダイム・シフト

金融危機はチャンス

いくつかの調査機関からGDP成長予測が出されている。

二〇〇九年四月時点でのIMFの調査によれば、二〇〇九年は世界全体ではマイナス一・三％成長、地域的には米国でマイナス三％、欧州でマイナス四％、日本でマイナス六％程度、新興国では一・六％成長すると予測されている。

二〇一〇年にはGDP成長率はかなり持ち直し、日米欧の先進国ではほぼ〇％成長、新興国では三・五～四・五％程度の成長と予測されている。したがって、実体経済を表すGDPはここ一、二年で下落基調から脱するということになる。

新興国の中で、もっとも日本に対する影響の大きい中国経済の動きはどうだろうか。中国は他の国と比較して外貨準備や財政収支が圧倒的に大きな国である。二〇〇九年三月末の外貨準備高は約二兆ドル（約二〇〇兆円）であり、日本（約一兆ドル）やEU（約六〇〇〇億ドル）の水準をはるかに越えている。二〇〇八年には巨額（二年間で四兆元〔約五六兆円〕）の公共事業投資を積極的に打ち出したために二〇〇八年度は大幅な（一一一〇億元）財政赤字となったものの、対GDP比は極めて小さい（〇・三％）。また、二〇〇九年度予算においては、過去最大の財政赤字（九五〇〇億元〔約一三・七兆円）、対GDP比三％の見込み）を積んでいるが、これは相当に慎重な数字ととらえられており、当面、国家としての経済的な安定は確保できそうだと予測できる（ただし中国は、慢性的な雇用不足や都市部と農村部の間で急速に拡大する経済格差といった、いわゆる社会不安の面で大きな課題を抱えており、失業率などの数字には注意が必要だろう）。

実体経済の早い回復に対して、金融経済のダメージは大きく、回復にはもう少し時間がかかると見られる。株式市場、不動産価格などのストックは大幅に低下しており、今回の金融危機の前の状態に戻るまでにはかなりの年月がかかりそうだ。

過去の危機において、金融経済が回復するまでにいったいどれくらい時間がかかっているのだろうか？ 一九三〇年代の大恐慌や一九七〇年代のオイルショックなどの例を見ると、底を打つまでに最速でも三年前後かかっている。大恐慌の場合には、株価が本格的に上昇モードに入るまでにさらに二年程度かかっている。今回

図1-1 IMF経済見通し

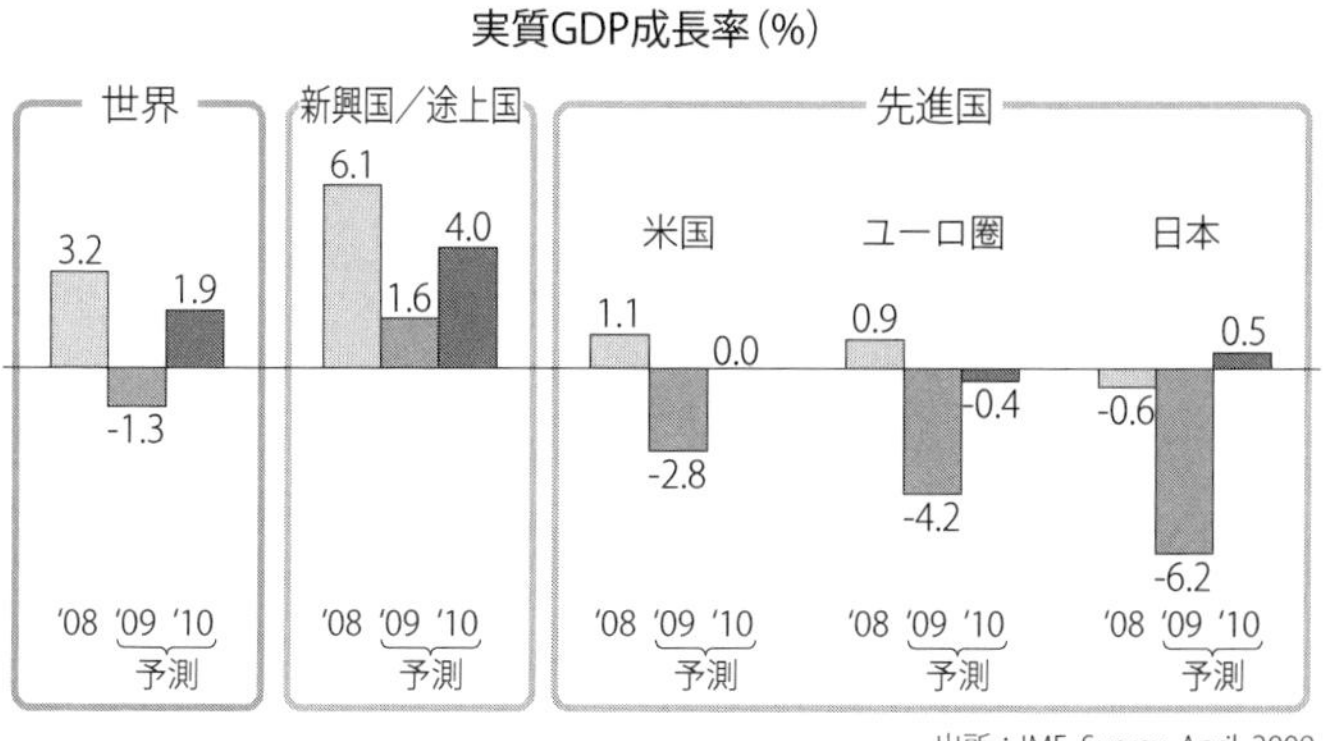

出所：IMF, Survey, April, 2009

は二〇〇七年半ば以降NYダウが低下を始めているため、底を打つのは二〇一一年頃になると推測される。これは、IMFが二〇〇九年経済見通しで発表している分析ともほぼ一致する（図1－1）。

金融経済の持ち直しに時間がかかることは多くの企業にとって苦しいことではあるが、一方、日本企業にとっては「恵みの雨」としてとらえることもできる。

金融危機の前には、海外企業は積極的にグローバル規模で資金調達を行い、大規模買収により高い成長を実現しており、日本企業もまた買収対象となっていた。買収に走ったのは事業会社だけでなく、プライベートエクイティなどのファンド、国家基金であるソブリン・ウェルス・ファンド（SWF）などであった。この傾向がそのまま続いていれば、日本企業は買収による成長を実現できないだけではなく、自らが買収される側になるのみであっただろう。遅まきながら日本企業も海外の有望な買収先を探しはじめたが、有望企業の多くはすでに買収されているケースが多かった。

しかし、この金融危機により、企業買収は件数、金額ともに大きく減少した。多くの海外企業は余剰キャッシュを持つことを良しとしない「キャッシュフロー経営」を進めてきた。そのため、金融市場の停滞により資金調達が難しくなることの影響は大きく、資金の必要な成長戦略の実行はスローになり、日本企業への買収意欲も小さくなっている。

したがって、資金的に余裕のある日本企業にとっては、次の成長のための投資を比較的安価で実施できる絶好のチャンスであると考えられる。金融危機が回復するまでの期間を猶予期間としてとらえて投資を行うことで、次の景気回復局面で世界の成長の波に乗ることが可能である。実際、売り物が増えているのも事実であり、日本企業が積極的に買収をしているという事実も存在する。そうとらえれば、この不況は日本企業にとってまさに「恵みの雨」だ。

次の景気回復期には、海外のハイパフォーマンス企業はさらにパワーアップした形で、今後手に入れる莫大な資金力で世界制覇を再度めざしてくる可能性が高い。その時までにしっかり手を打たなければ、日本企業がグローバルリーダーシップを取るチャンスはもう来ないだろう。

不況の本質とその後に来る希望

アクセンチュアが行った調査によれば、不況期をどのように過ごしたかにより、数年後以降の業績が大きく異なるということが明らかになっている。図1－2は一九九〇～一九九一年の景気後退後の、米国における勝者企業と敗者企業の業績推移である。縦軸はＲＯＩＣ（投下資本利益率：投下資本に対する本業からの利益率）を示しており、勝者企業は景気後退の始まった一九九〇年当初から景気回復後に至るまで、ＲＯＩＣを向上させていることが分かる。

われわれは不況期にいったい何をすべきなのだろうか？

不況期には短期的なリストラや一律のコストダウンにより手っ取り早く業績回復をねらう企業もあるし、本質的に事業領域からオペレーションまでのビジネスモデルを変換する企業もある。

たとえば、ノキアは大きくビジネスモデルを変換した例である。携帯電話端末において世界シェア第一位、高い利益率を誇っている現在では信じられないことだが、一九九〇年代初頭、ノキアは業績悪化で倒産の危機にあった。幾つもの大規模な企業買収により進めた多角化がうまく機能しなかったところに、一九九一年のソ連崩壊による景気後退が襲ったためである。当時、弱冠四一歳にしてCEOとなったヨルマ・オリラ氏は遠隔通信事業の将来性に着目し、当時売上構成比一〇%にしか過ぎない携帯と遠隔通信事業に集中することを決定し、利益率やマーケットシェアの高さ、投資金額の大きさには拘泥せずに、他の事業を売却した。そこから、徹底的なブランド構築、いち早いデジタル化、グローバル規模でのSCM改革等を次々に行い、急成長を遂げて現在の業容に至っている。

一方、短期的なリストラは必ずしも企業

図1-2　米国における勝者企業と敗者企業の業績推移

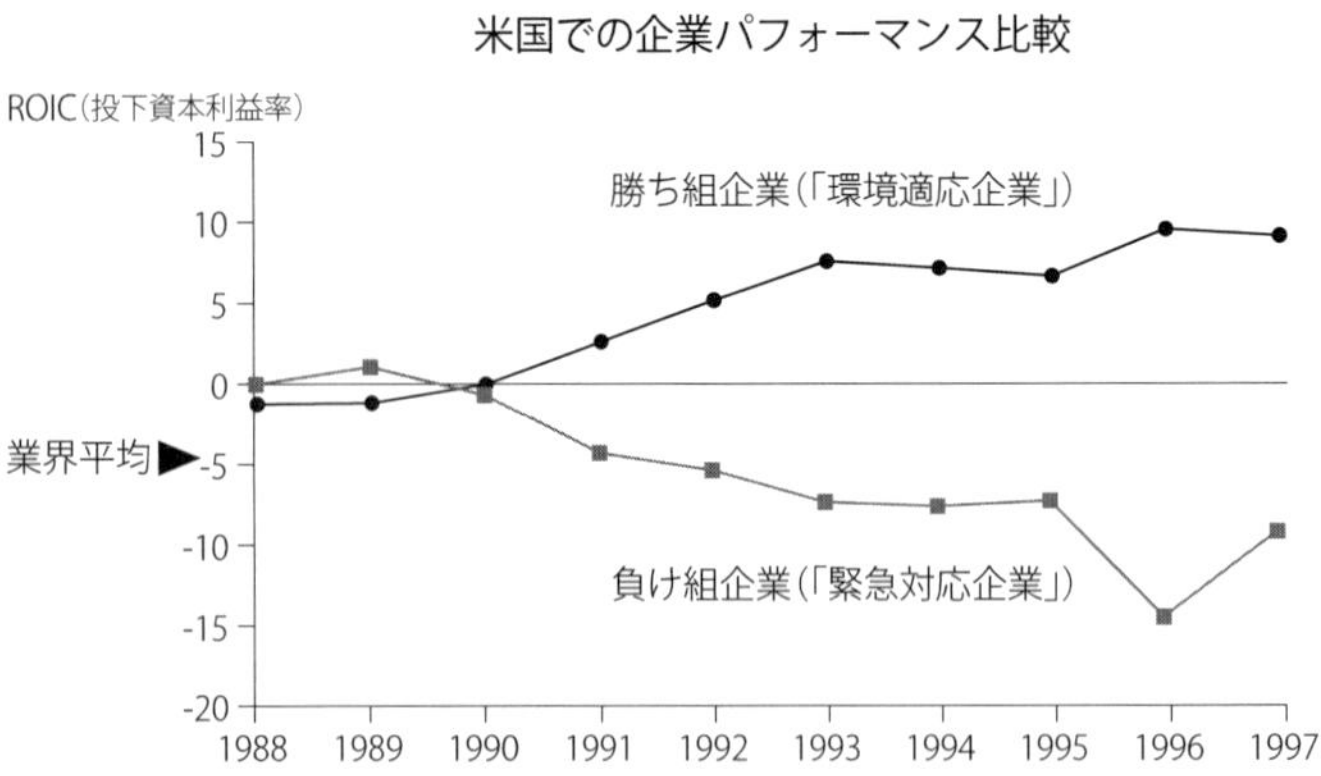

＊勝ち組企業は、景気後退以後の6年間に渡って、業界平均以上の高業績を達成した企業群
　負け組企業は業界平均以下の業績しか残せなかった企業群

出所：1990〜1991年の不況期後に米国で850の大企業の経理レポートを分析したものをベースにアクセンチュアにて作成

の業績向上に結びついていない。図1－3は、レイオフを発表した二〇企業とS&P五〇〇企業の五年間の株主価値推移を比較したものであるが、不況期において短期的なリストラに経営努力を使った会社のパフォーマンスが低下することを示している例である。

　こうした例から考えると、不況を単なる苦境だととらえるのではなく、環境の転換期に起こる自然淘汰のプロセスだととらえて対応するべきだということに気づく。つまり、不況時にはリストラや一律のコストダウンなど「不況そのものに対応」するのではなく、不況が明けた後の状態を予測し見極め、その「新しい環境に適応」することを考えることこそが重要なのである。

　では、新しい環境はどのように予測できるのだろうか？　われわれにとっての新しい

図1-3　レイオフ実行企業 vs 未実行企業の株主価値推移

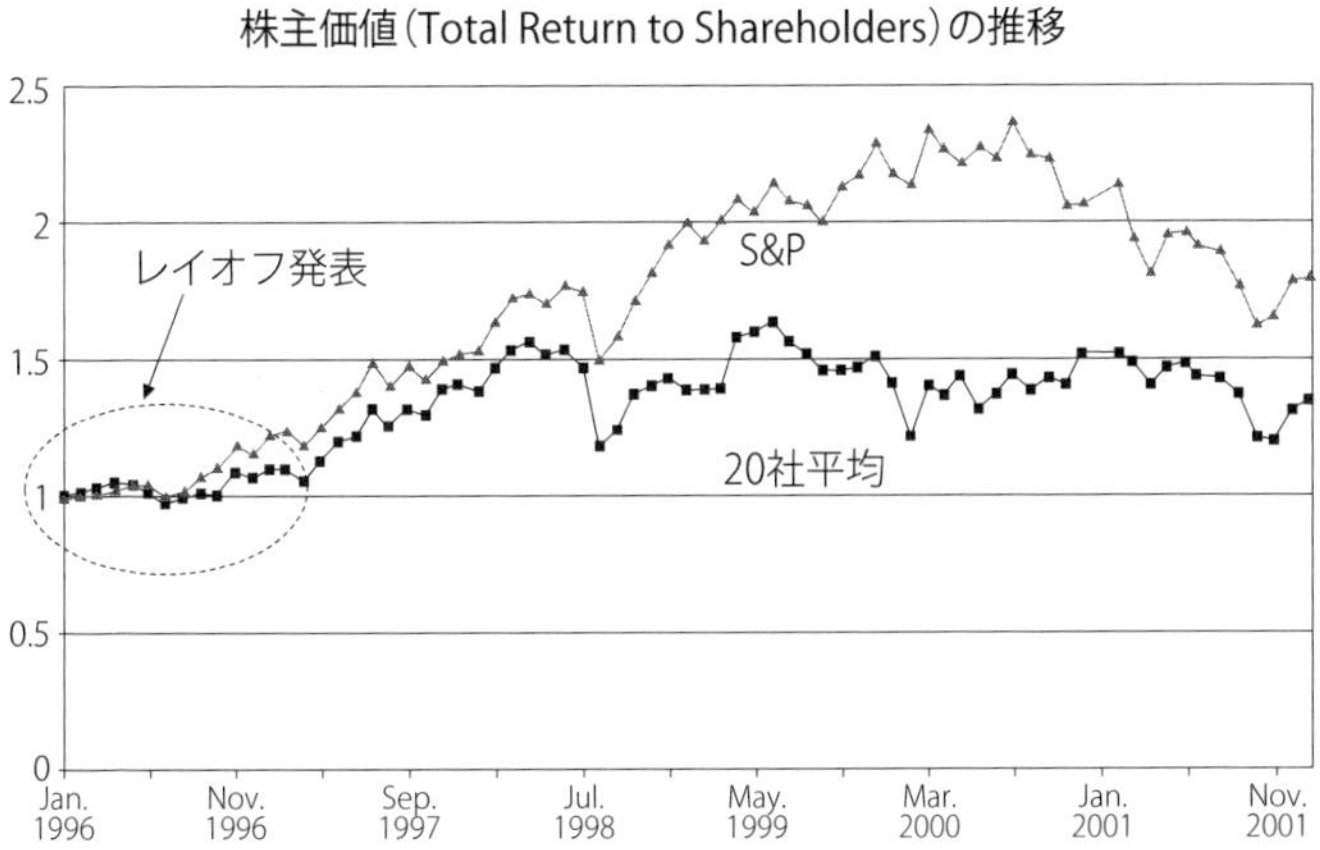

出所：Bloomberg, Accenture analysis, Mercer Commentary, ProQuest Database of Wall Street Journal

該当企業：Boeing, IBM, Kodak, Apria, Donna Karan, International Paper, Keycorp, Bethlehem Steel, RR Donnelly, KimberlyClark, Mattel, American Express, GeorgiaPacific, Wells Fargo, TRW, Rockwell International, ITT Industries, Occidental Petroleum, AT&T, USAirways

環境とはいったい何だろうか？

いみじくも、『すでに起こった未来』でドラッカーが述べているように、重要なことは「すでに起こった未来」が何であるかを確認することである。つまり、環境変化は不況が訪れる前に、実は少しずつ姿を現している場合が多い。たとえば、一九九〇年代後半にＩＴブームが起きた後にＩＴバブルが崩壊している。ＩＴへの熱狂的な関心が静まった後、一〇年以上かけてヤフー、アマゾン、グーグル、イーベイといったＩＴ企業がビジネス界での存在感を増し、われわれの生活にも定着してきていることは誰の目にも明らかだろう。

われわれの身近で起きている、これと類似の現象としてどのようなものがあるだろうか？

金融危機を発端とする二〇〇八年の不況が起こる直前までＢＲＩＣｓ諸国において株価が大きく跳ね上がっていたことは記憶に新しい。Ｂｉｇ６（ブラジル、中国、インド、メキシコ、ロシア、韓国）あるいはＢＲＩＣｓ諸国のＧＤＰは、中国で一〇％超、インドで六％超など高成長を維持してきており、二〇〇七年までの経済成長はとりわけ新興国において著しい。新興国経済がこのまま成長を続ければ資源が枯渇するということで、投資資金の流入も伴って資源価格も大きく高騰した。まさに、「新興国バブル」と位置付けることのできる現象が起こっていた。

この不況により新興国の経済成長にもいったんブレーキがかかっている状況ではあるものの、ＩＴバブルを経た後にＩＴ企業が大きく存在感を増したのと同様に、この不況をくぐり抜けた後に新興国がグローバルマーケットの中で躍進を遂げ、大きな存在となるという未来は、ここ数年の新興国の成長の中で「すでに起こって」いるのではないだろうか。

別の言葉を用いれば、われわれが適応すべき新しい環境は、経済の主役が日米欧の三極から多数の新興諸国に移る「多極化」なのである。不況が明けた後の繁栄は、多極化世界を理解し、それに対応した企業のオペレーションを考えることにこそある、と私は考えている。不況により隠されてはいるものの、新興国の経済圏は確実に拡大しわれわれ先進国に匹敵する存在となっていることを認識し、それに即した対応をしていかなければわれわれは衰退していくより他ないだろう。

他に、われわれが対応すべき新しい環境としては何があるだろうか。

歴史的に見ると、経済圏の拡大はテクノロジーがドライブしている。新しいテクノロジーにより工業製品の生産量が飛躍的に増大したり、交通網の発達によりこれまでは運びきれなかった地域にまで製品が届くようになったりすることが経済圏を拡大させてきた。経済圏の拡大という局面に際しては、新しいテクノロジーへの適応が必須であるということだ。付け加えると、経済圏の拡大の初期段階には景気の低迷が見られることも特徴的である。われわれが適応すべき新しいテクノロジーは、不況に隠れて見えにくくなっているという言い方をしてもよいかもしれない。

具体的に歴史を振り返ってみよう。

一九二九年から始まった世界恐慌は英国を主体とした一極集中の経済から、英国と米国という二極経済への変換期に起こった。米国が、安価な農産品や鉄鋼・自動車など工業品の大量生産技術を開発し、欧州への輸出を行うことによって存在感を示してきた時期だ。鉄道が整備され、輸送手段が発達したことも輸出入を活発化した。

一九七〇年代のオイルショックは、米・英の二極経済から日独・米・英の三極経済に移るタイミングで起きている。当時、日独は自動車、機械、家電などの分野において、高品質な製品を低価格で製造し、米国を中心とする消費国への輸出を拡大して、存在感を高めてきていた。そのタイミングで起きたオイルショックを受けて、日本企業は事業構造の転換や合理化、省エネといった課題に突き当たり、それらを解決していく過程で、三極経済への流れを決定的にしたと言うことができるだろう。テクノロジーについて言えば、大規模・高速にデータを処理できる汎用コンピュータが企業に普及しはじめ、金融機関のオンライン化をはじめとする合理化が進展した時期である。

そして、今回の世界金融恐慌において、「新興国バブル」とも言えるような投機状況があったこと、また新興国の成長とそれに伴う「多極化」という経済圏の拡大が「すでに起こった未来」であることは先ほども述べた通りである。多極化する経済を牽引するテクノロジーは、ＳａａＳを代表とするクラウドコンピューティングや、ウェブ技術の成熟を基礎としたＳＮＳのような新しいサービスに代表されると考えられる。

日本企業が次の飛躍をするためには、「多極化」への対応と新しいテクノロジーの活用が必須である。そして、普及の後に来る希望もまた、そこに潜んでいるのである。

新たな環境——多極化世界とはどのような世界か?

次に、「多極化」した世界がどのようなものであるかを見ていこう。

多極化世界では、日米欧の三極に加え、Ｂｉｇ６を主としたさまざまな新興国が新たな「極」となる。新興国経済は、数字の上でも世界の消費、生産、貿易、投資のシェアを高めてきており、二〇〇八年には新興国は世界の実質ＧＤＰの四九％を占め（一九九〇年は三八％）、二〇二〇年までには先進国を上回ると予測されている（Economist Intelligence Unit による）。

多極化世界は、次の三つの力を背景として強力に推進されてきた。

一つめは情報通信技術の発達である。より速く、安く、大容量の通信が可能になったため、ビジネス機能を地理的に分散することが可能になった。また、非常に多くのシステム開発サービスやビジネスプロセスのアウトソーシング事業を新興国にもたらし、その経済発展を後押しした。

二つめは経済開放を推進する新興国の政策である。ＷＴＯ（世界貿易機構）主導のもと貿易自由化ラウンドが成功し、いくつかの主要な新興経済国、特に二〇〇一年に中国がＷＴＯに加盟したことは、先進国・新興国間の経済的な相互依存のレベルを著しく高めた。

三つめは多国籍企業が活動地域を新興国へと移し、規模を拡大させていることである。多国籍企業は新興国市場という巨大な市場を獲得し、スケールメリットを追求する経営を行っている。新興国は多国籍企業の資本と労働力の新たな供給源となり、新興国市場における多国籍企業のプレゼンスは格段に高まっている。

多極化世界は、新興国市場の成長というポジティブな意味合いと、先進国の多国籍企業とだけでなく、新興国企業も含めた厳しい競争環境下に入っていくというネガティブな意味合いの両方を持つ。それは、厳しい環境で生き残るグローバルのトップ企業のみが新しい市場の獲得という果実を取り、それ以外の企業は苦しい立場におかれることを意味する（ちなみに、二〇〇九年時点でフォーチュングローバル五〇〇にランクインした企業のうち六四社は新興国企業である）。さらに、政府系ファンドに見られるように、新興国国家がグローバル経済においてプレゼンスを増している。政府系ファンドの上位としてはアラブ首長国連邦のアブダビ投資庁や中国の中国投資有限責任公司、シンガポールの政府投資公社（GIC）が有名だが、それぞれ八八〇〇億ドル、二〇〇〇億ドル、三三〇〇億ドルもの資金を金融企業、資源企業、技術企業に対し積極的に投資している。市場において新興国企業に遅れを取るばかりではなく、新興国の資金力により日本企業が買収されるリスクも高まっているのだ。

こうした多極化世界の到来はわれわれにとって必ずしも意外な結果ではないはずである。なぜなら、原動力となっている三つの力、すなわち情報通信技術の発達、政府による経済開放政策、多国籍企業の戦略は、われわれがこれまで経験してきたグローバリゼーションを推進した力とまったく同じものだからである。つまりこの意味においては、多極化した世界は、グローバリゼーションの新しい、そしてより深まった段階であると理解することができる。しかし、その特徴や影響においては、多極化した世界は、初期グローバリゼーションとはまったく異なるものである。先進国からの一方通行であったグローバリゼーションは今や双方向のプロセスになりつつあり、そこでは発展途上である新興国が、受動的立場からグローバリゼーションの主体的な構成国へと変化している。もっとも重要なことは、米国の金融危機を発端とする今回の不況からも政府系ファンドの例からも明らかなように、先進国と新興国の経済的な相互依存が強まったことである。

次に、五つの切り口を用いて多極化世界をより具体的に説明していこう。

新しい消費者

これまで、新興国は主に低コストの製品やサービスの先進西欧諸国への供給拠点として存在してきた。しかし、今や新興国は重要な消費市場であり、製造業、サービス産業、小売業にとってとりわけ魅力的な販売対象になっている。

新興国経済は急速に成長しており、すでに数億単位の中流階級の消費者を作り出している。新興国の人口増加率は中長期的に見ても高く、世帯収入・クレジットの増加、購買意欲の高い中間層の増加などのファンダメンタルな要因のおかげで中長期的に大きく消費が拡大するだろう。ゴールドマン・サックスは、二〇三〇年までに新たに二〇億人が中間層（年収六〇〇〇ドルから三万ドル）に入ってくると予測している。

新興国は二〇二五年までに、購買力平価ベースでは世界消費の半分以上を占めるようになる。すでに新興国における多くの製品やサービスの市場規模は、先進国のそれに匹敵している。たとえば、中国は最大の携帯電話市場で、二〇〇九年一月現在で約六・四億人の契約者がおり、自動車市場も二〇〇九年一月には新車月間販売台数が七九万台とはじめて米国を抜き、世界第一位となっている。二〇〇七年現在、メキシコは中国に次ぐ世界第二位のソフトドリンク市場になっている。新興国市場の疑いようのない成長の可能性が証明されるにつれ、多国籍企業がビジネスの照準を新興国に移しつつあることは明らかであろう。

イノベーション

イノベーションは、米国、日本、欧州の三大経済国が支配する領域であり、高度な教育や卓越した技術基盤の上に築かれるものであると長い間考えられてきた。しかし、多極化した世界ではこの「常識」はもはや当てはまらない。多くの新興国は、以前可能とみられていたよりもはるかに速いペースで、バリューチェーンの上流（R&D）に向けて駆け上がっている。

学校教育やスキル獲得への大規模な投資、新興産業やテクノロジーへの国家資金の戦略的投資などによって新興国に新たなイノベーションのクラスターが出現している。北京のナノテクやバイオ、ソウルのデジタルメディアやゲノム、ブラジルのバイオ燃料、ポーランドの自動車技術などだ。

こうした環境の中、二〇〇八年の企業の国際特許出願件数で中国の通信機器メーカーファーウェイ・テクノロジーがトップになったのは象徴的な出来事だ。同社の対売上高研究開発費率は一〇％以上であり（ソニーやパナソニックは六～七％）、うち一〇％を先端技術の開発に充てるなど、将来に向けた研究開発にも非常に力を入れている。

人材

今や人材は国境を越えて流動化しており、人材の獲得をめぐって多数の企業が激しい競争を繰り広げている。欧米や日本の企業の多くが、高齢化や労働人口の縮小に直面しつつある状況の中、労働力供給のバランスの重心は、急激な人口増加が予想される新興国に移行しつつある。アクセンチュアは、二〇五〇年までに新たに増加する世界労働人口四億三八〇〇万人のうち約九七％は発展途上国によってもたらされると予想している（Economist Intelligence Unit〔EIU〕labor force projections に基づく）。

当然のことながら、欧米の多国籍企業は新興国の人材資源を利用しようとしている。新興国の労働人口は増加するものの、特に経験のある管理職は不足しており、スキルのある従業員の獲得には激しい競争が起きている。また、新興国企業は、新規採用と経験ある管理者を求めて海外の多国籍企業に対し積極的な採用活動を行っているし、海外に居住する同胞（インドだと印僑、中国だと華僑）を労働力として自国に誘い込もうと努めている。

資本

先進国は従来から対外直接投資（ＦＤＩ）の主要な投資元で、まず他の先進国に投資をし、その後で、新興国に投資してきた。一方、今までの新興国の投資家は株や債券などのポートフォリオ資本を先進国に投入してきた。より安全で高い成長が見込める先進国の資本市場に魅力を感じていたからである。

しかし、多極化世界に移行するにつれこの図式が正反対になる兆候が見えはじめている。新興国は次第にＦＤＩの重要な投資元になりつつあり、今や世界総額の約一七％を占める。新興国企業は、海外市場へ積極的に拡大しており、多くは他の新興国への投資であるものの、欧州や米国の先進国に対する投資も少なくない。また、高成長率に惹かれた世界中の投資家がポートフォリオ投資を新興国に対して行っているため、より多くの資金が新興国に流れ込んでいる。

天然資源

急速な成長に伴い、新興国はあらゆる種類の天然資源、すなわちエネルギー資源、金属・鉱物資源、水などをより多く必要とするようになっており、いかに天然資源を確保するかが、国家や企業にとって重要な課題になっている。

英国『エコノミスト』誌によれば、二〇〇〇年以降の世界のエネルギー需要増の八五％が新興経済国によるものであり、二〇三〇年までのエネルギー需要の大部分を占めるという。一方、資源の供給は逼迫しつつあり、先進国と新興国のいずれもが、世界の各地、とりわけ南アメリカとアフリカにおいて高品質の資源をめぐり激しく競っている。

資源争奪戦において、三つの重要課題の間の複雑なバランスをどう維持するかという試練にリーダーは速やかに対応する必要がある。三つの重要課題とは、経済成長の維持、エネルギー確保（資源に乏しい国への供給と資源豊かな国の間で需要調整を行うこと）、そしてサステナビリティ（持続可能な発展）である。

これからのターゲットは貧困層と中間層

多極化世界が企業経営にもたらす影響として大きいのは、多極化世界を構成する消費者の大半が「貧困層」と「中間層」であるということだ。『通商白書二〇〇八』によれば、日本製品の購買層となりうる消費者は先進国において一〇億人にとどまるのに対し、新興国では四〇億人にのぼるという（二〇〇六年の名目GDPに基づく分析）。ゴールドマン・サックスの定義による「中間層」（年収六〇〇〇～三万ドル）は、世界中で一年に七〇〇〇万人増加しており、とりわけ経済成長著しい中国、インドを除いたとしても、一年に二〇〇〇万人の増加が見込まれるという。

もう少し、新興国市場の大きさを見てみたい。インドと中国の年収別人口を見てみると、インドでは世帯収入が二万三〇〇〇ドルを越える人々（富裕層、高所得者層、消費者層）が二〇〇五年ですでに一億人を越えており、中国でも「新中間層」と呼ばれる消費意欲の旺盛な層が二〇〇四年で一億人を越えている。

貧困層市場の大きさを見てみよう。一般に、ＢＯＰ（the Base of the Pyramid）層と言われる年間所得三〇〇〇ドル（地域購買力平価ベース）以下の低所得層は、二〇〇五年現在で、世界に四〇億人、ＢＲＩＣｓに二二・八億人が存在し、その市場規模は五〇兆ドルに上るという（国際金融公社〔ＩＦＣ〕の調査による）。先ほどのゴールドマン・サックスの予測をここに適用すれば、この貧困層市場のうち二〇億人が中間層に上昇するということになる。

　中間層・貧困層といった、新たな消費者層の市場拡大が意味することは何だろうか？

　彼らの限られた所得を考えてみれば、それは明らかに製品の低価格化や小型化の流れを加速するも

図1-4　日本の自動車の小型化

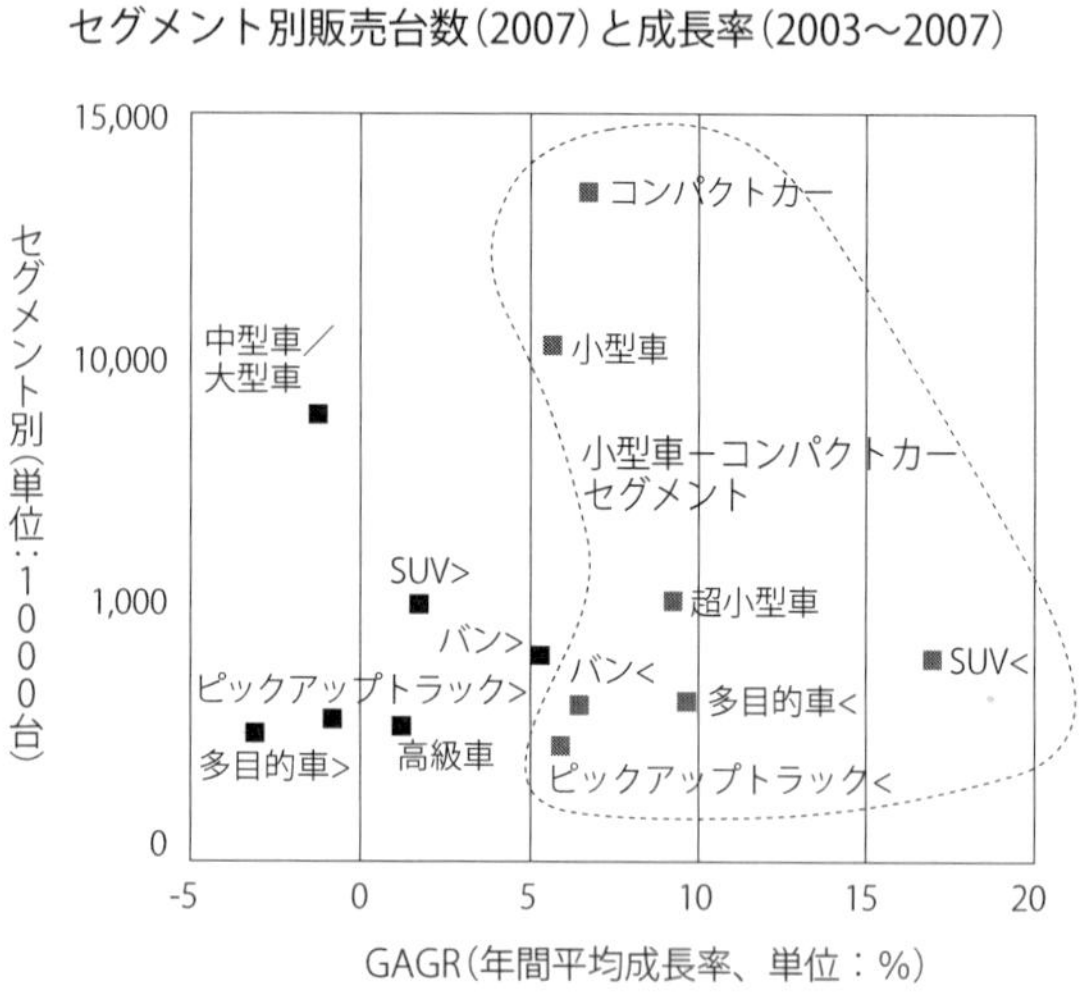

SUV＝スポーツ・ユーティリティ・ビークル、MPV＝多目的車、PUP＝ピックアップトラック
<＝超小型車ーコンパクトカー、>＝中型車／大型車ー高級車

出所：Global Insight, September 2008:Accenture analysis、Accenture Outlook June 2009

のだと言える。そうした市場においては、機能が絞り込まれた買い得感のある製品、維持コストや継続使用コストの低い製品が売れるだろう。インドのタタ自動車の一一万ルピー（およそ二二万円）の自動車「ナノ」の登場は、その意味において象徴的な出来事である。商品のコンセプトが「スクーターを四人乗りしているインドの家族に、より安全性の高い乗り物を提供する」ということであり、大幅に機能を絞り込んで低価格化を実現している。燃費効率もいい。「あれは車でない」と言う自動車業界関係者は多いが、初年度一〇万台を販売予定のナノの購入予約申し込みは、申し込み開始後三日で五万件を超えたという。ナノは、車がほしいという中間層のニーズに応えているとは言えないだろうか。

また、低価格化や小型化の波は先進国にも及んでいる。日本の自動車の小型化は急速に進んでいる（図1－4）。

多極化時代の波に乗るためには、低価格化や小型化を実現することが必須なのだ。しかし、こうした新たな市場においても、単に「安い」からといって売れるものではないことには注意が必要である。ローカルな消費者のニーズに合っていること、品質の確かさや技術力、洗練されたデザイン、ブランド力などが求められる。しかも、消費者のニーズの変化に応じた「新鮮な」商品でないとすぐに陳腐化することは、先進国における既存の市場と何ら変わらないということを心に留めておくべきであろう。

低価格化に創造性を発揮する

足元の日本市場に目を向けてみよう。

昔はコスト競争力があるか製品が差別化できているか、どちらかであればよかった。消費者は安ければ少々は我慢して買ってくれたし、製品がよければ高くても売れた。

しかし今は、安いだけでは売れないし、製品がいいだけでも売れない。「いいものを安く」提供することが必要な時代になっている。しかも、基本的に似た機能の製品が最低でも三割安く、ものによっては一〇分の一程度のものが出てくる時代なのだ。

しかし、日本企業の方にわれわれが低価格製品市場への参入を勧めようとすると、いい顔をしていただけない。その理由は大きく二つあるように思われる。

一つめは、事業に直結した切実なものであるが、現行の高付加価値（高価格）製品との「カニバリゼーション」の問題だ。低価格品を出したために、自社の高価格品が売れなくなってしまうことを避けたいという理由である。

二つめは、低価格品を供給することに対する心理的な抵抗感の問題である。日本企業にとっては、低価格品を出すことは「逆戻り」の感覚があるようだ。たしかに、かつて日本企業は低価格な製品で欧米市場参入への足がかりをつかみ、その後に、品質・機能の向上を実現して高付加価値品を提供し、欧米市場において大きな成功を収めたという歴史がある。こうした歴史を振り返ると、低価格品を出すことに「逆戻り」の感覚があり、開発者としてのプライドがそれを許さない、というのは理解できない理由ではない。

「カニバリゼーション」については、他社が低価格品を仕掛けてこないような製品であればよいかもしれない。しかし、五万円のノートPCを発売した台湾メーカーのように、ハイテク製品を中心に思い切った低価格で攻めてくる新しいプレーヤーが出てくる可能性は高い。また、携帯電話のように、世界のボリュームゾーンの価格帯が一万円代であるときに、日本メーカーがそこに製品を揃えることができていないケースも見られる。こうしたケースにおいては、低価格品を出すことによるカニバリで失うものよりも得るもののほうが多いと考えられる。

低価格品を出すことへの「プライド」の問題については、開発者あるいは全社員の意識が変わることが必要だろう。たとえば、開発者は自分の好きなものを開発するのを喜びとしている人が多い。しかしこれからは、製品開発にあたって、個人の喜びを超えた社会的使命を考える必要があるのではないだろうか。それを私は「グローバル版水道哲学」と呼びたい。

ご存知の方は多いと思うが、水道哲学は松下幸之助氏が唱えられたものである。曰く、「産業人の使命は貧乏の克服である。そのためには、物資の生産に次ぐ生産を以って、富を増大しなければならない。水道の水は価有る物であるが、通行人が之を飲んでも咎められない。それは量が多く、価格が余りにも安いからである。産業人の使命も、水道の水の如く、物資を無尽蔵たらしめ、無代に等しい価格で提供する事にある」

と定義されている。一九六〇年代以前の日本のように、新鮮な食料、汚染されていない水、電気など基本的なインフラが供給されていない人々は世界で見ると現在でも大多数を占める。彼らに、できるだけ安くそれらの基本物資を提供する、生活を便利に豊かなものにする製品を安価に提供する、そのことに日本の技術を使おうという発想が必要だと思う。開発者のプライドよりもよほど重要なことだと思う。

コストダウン、すなわち低価格のものづくりは馬鹿にするほど簡単なものではなく、とても難しいものだ。コストダウンするためには、発想を大きく変える必要がある。創造性を発揮することが必要になる。ただし、そのようなコストダウンを実現するためには現場の努力だけでは不可能だ。コストダウンに対するトップの強いコミットメントが必要となる。

詳細は後述するが、たとえばタタ自動車のナノにしても、その低価格は自動車のものづくりの発想を根本から変え、バリューチェーンを全面的に新たに再構築することにより実現されたものである。単に「インドで作ったから安い」「最低限の機能しかないから安い」というわけではないことにわれわれは注目すべきなのだ。そしてそこには、「超低価格車」にあくまでこだわった、タタ会長の強い意志が働いていた。

ホンダのインサイトの成功も、これまでになく社長が価格設定に介入し、二〇〇万円を切るハイブリッドカーを出すことにこだわりぬき、知恵を絞るよう指示した結果、実現されたものである。一般に、自動車部品について一円単位のコストダウンの重要性がよく言われるが、インサイトの担当者は「一銭」単位のコストダウンが必要だったという。これも、福井社長の価格への強いこだわりなしにはなしえなかったことであろう。

価格の重要性は、企業経営上、かつてないほど高まっている。経営者は、価格決定やコストダウンに介入し、現場を後押ししてやる必要がある。低価格製品の開発にもイノベーションが必要だということに現場の目を向けさせ、その価値を認めてやる必要がある。新興国市場だけではなく足元の日本市場の消費者をとらえるためにも、低価格化に創造性を発揮し、「いいものを安く」提供することに心を砕いていかなければならない。このことを、まず経営者が認識すべきであろう。

日本企業のグローバル化へのチャレンジ

以上を整理して言えることは、日本市場の世界市場における位置付けが今後確実に低下していくということである。それでも日本市場にのみこだわることは日本企業にとって得策ではなく、海外市場に大きく打って出ることが有効な戦略となる。

しかし、日本企業の経営者と話すと、このことに合意はしていただけるのだが、いざ海外市場に打って出るとなるとなかなかハードルが高いと感じられるようだ。

ハードルとして、まず最初に出てくるものは「経営を任せられる優秀な人材がいない」と「英語を話す人材がいない」の二つだ。

実際、経営を任せられる人材に困っているのはどこの企業でも同じだ。グローバルのハイパフォーマンス企業においては、三〇代の若手を関連会社の経営者としてチャレンジさせる「将来リーダー育成プログラム」が一般的だ。多くの人事において「あいつは大丈夫か？」と言われるのが普通であり、とにかく任せてみるとなんとかなるものだ。とにかく、任せることのできそうな人間を早期に抜擢してチャレンジさせるべきである。

英語の問題に対しては同時通訳を手配することにより多くを解決できる。たとえば、私の所属するアクセンチュアは世界五二カ国に拠点を置く、いわゆるグローバル企業である。グローバル企業というと、社内の公用語は当然英語、会議も英語で実施しているに違いないと思われるかもしれないが、日本法人の経営会議では、日本人と外国人が混在しているものの、日本人は日本語を話し外国人は英語を話すという形を取っている。日本人の経営陣は一応、英語が話せるため、一度公用語を英語にしたこともあったが、日本人の発言が極端に少なくなり意思疎通が悪くなったため、現在のように見直した。言語の問題は一朝一夕には解決しないし、また本質的な問題でもないため、もっと気楽にやり、少々の経費で解決すればよいものである。

また、グローバル化に伴ういろいろなリスクを心配される場合もある。グローバル化を加速させると世界景気に対応した海外需要の急速な落ち込み、為替変動など財務的リスク要因が増える。いわゆるカントリーリスクの問題もあるし、文化の異なる人材を採用するためにはコンプライアンスのリスクも増加する。

以前、海外市場に進出したときの失敗経験を持つ場合には、再度海外に出ることに躊躇を感じ、なかなか投資に踏み切れないこともあるだろう。この不況の中、国内市場を見るだけでも精一杯で海外に出るような投資余力はない、という事情もあるかもしれない。

しかし、自らの成長の機会とグローバル化に伴って起こるリスクを考えると、グローバル化の可否ではなく、グローバル化を前提とした中でいかにリスクを最小化するかという命題に落とし込むべきではないだろうか。海外市場に出ることに伴うさまざまなリスクがあることは事実であるが、かといって、国内市場に留まることにリスクがないと言えるだろうか。景気が回復したとしても、少子高齢化がこのまま進行する以上は日本市場が縮小していく傾向は変わらない。日本市場の中に留まることは、座して衰退を受け入れることと同義であろう。

今こそ、海外市場へ大きく出る決断をするべきなのだ。

日本企業にとって最後のチャンス

後述するが、財務的なパフォーマンスから見ると、ここ十数年の間で海外企業と日本企業は成長力、収益力において大きな差がついたようだ。その差の根幹はグローバル化の遅れだと考えられる。日本企業の中には海外売上比率の高い企業が多い。しかし、海外売上比率の高い企業であっても組織は日本中心になっていて、世界を有効に使っていない。「外見はグローバル、中身は日本」企業である。「中身のグローバル化」が日本企業の課題であろう。

日本企業の経営者の方とお話しすると、海外のハイパフォーマンス企業との差が「中身のグローバル化」にあるということは合意される。しかし、達成までの道のりが見えないという気持ちになる場合が多いようだ。たとえば、ハイパフォーマンス企業の代表格とも言えるP&Gは、現地ニーズに細やかに対応する現地法人と本社の強い統制とを両立するグローバル経営の仕組みを、二〇年近くかけて作ってきた。P&Gといえば優秀な社員を抱えていることでも有名であり、そうした人々が必死になって作ってきた仕組みを一朝一夕には実現できないという気になるのも無理はないだろう。

しかし、グローバル経営を実現する一つのポイントは、実は、彼らの仕組みを徹底的に謙虚に学び、真似ることなのである。徹底的に真似ることにより、キャッチアップの効率は抜本的に向上する。トルストイの『アンナ・カレーニナ』の冒頭に、「幸福な家庭は皆同じように似ているが、不幸な家庭はそれぞれにその不幸の様を異にしている」という一節があるのをご存知だろうか。それと同様に、海外のハイパフォーマンス企業のオペレーションは業種や企業特性によらず、共通する部分がとても多いのだ。つまり、基本的なオペレーションの方法で独自性を追求する必要はない。真似ることにより基本を押さえ、それをベースに自社の特色を出していけばいい。まさに、日本古来の「修・破・離」のアプローチだ。

もう一つのポイントは三〇年前の欧米の失敗を繰り返さないことである。一九七〇年代後半、エズラ・F・ヴォーゲル氏が著しベストセラーとなった『ジャパン・アズ・ナンバーワン』を覚えていらっしゃるだろうか。彼によれば、欧米の失敗の原因は傲慢さであった。低価格で攻勢をかける日本企業を欧米企業が相手にしなかったために、日本企業に敗北することになったというのである。

しかし、その後、欧米企業は日本企業に対する敗北を受けて、トヨタなどの代表的な日本企業の「TQM（Total Quality Management）」や「カイゼン」などの経営ノウハウを謙虚に学び体系化した。その基礎の上で新たにグローバルオペレーティングモデルを構築し、現在に至っているのだ。

日本企業はものづくりなど独自に進化したよい面を多く持つ。グローバルオペレーティングモデルを学び、自社流にトランスフォームさせれば、三年程度でかなりいい形になり、海外のハイパフォーマンス企業や新興国企業に伍す競争力を蓄えることができるだろう。

次の好景気には先進国企業だけでなく、新興国企業が強力な競争相手として現れてくる。この不況を猶予期間として、日本企業は今こそ謙虚になり、海外のハイパフォーマンス企業に学ぶべきではないだろうか。

次章以降では、海外のハイパフォーマンス企業がどのようなグローバル経営をしているのかを具体的に説明したい。

第2章

多極化時代のハイパフォーマンス企業

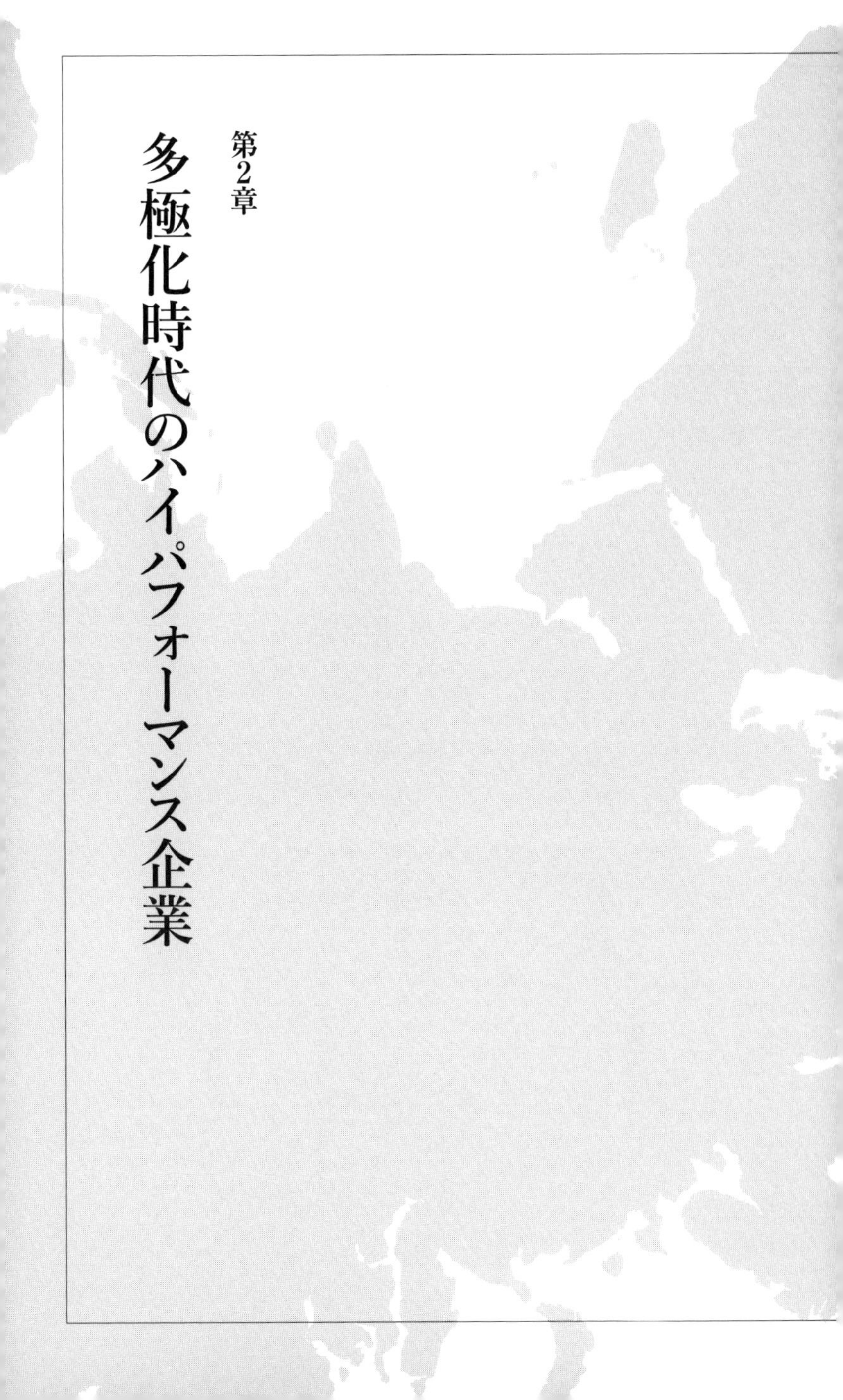

圧倒的な強さを見せる海外ハイパフォーマンス企業

多極化時代の成功企業と見なされている海外企業と、日本の業界トップ企業の財務パフォーマンスを比較してみよう。図2−1に示すように、自動車を除き、成長率、利益率ともに大きな差がついている。二一世紀に入り、海外のハイパフォーマンス企業の年平均成長率が二桁であるのに対し、日本企業は多くの場合一桁台前半の成長率だ。営業利益率で見ても、自動車以外は大きく差を付けられている。

この不況の中にあっても、海外のハイパフォーマンス企業は手堅い業績を残している。不況期に入ってからの業績をエレクトロニクス業界で見てみよう。さすがに、海外のハイパフォーマンス企業も減収・減益しているものの、それでも二桁に近い高い営業利益率を保っている。それに比

図2-1　財務パフォーマンス比較

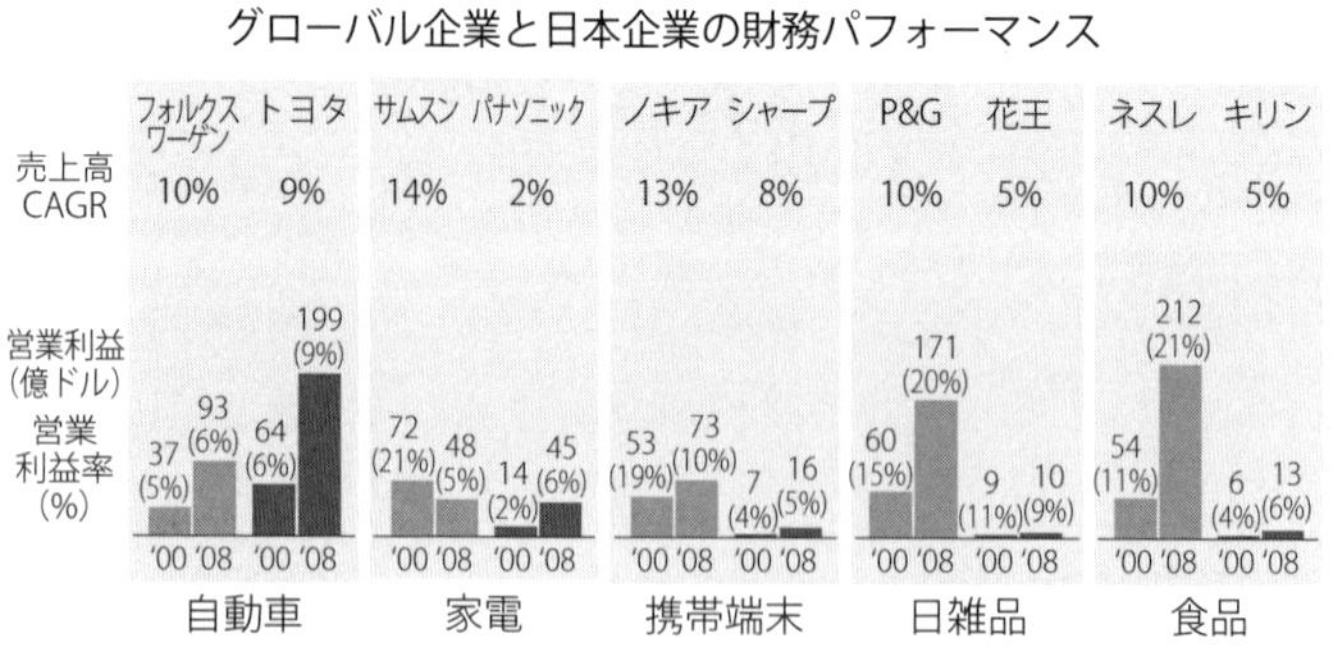

出所：サムスンのみThomson ONE、他企業はOnesource

較して、日本企業はほとんどの企業が赤字に転落している。

海外のハイパフォーマンス企業は、後述するように、日本企業が得意とする「カイゼン」によるボトムアップ型のコストダウンに加え、市場拡大によって得た規模（スケール）をコストダウンに最大限活かすために、製品や部品の共通化を進めて製造コストを大幅に削減しているという特徴がある。また、バックオフィス業務をシェアード化して低コスト地域に配置することなどにより、業務コストの大幅な削減を実現していることも共通している。どの企業においても社内でアイデアを出し合い、積極的にコストダウンに取り組んだ結果、低コストでスピーディな事業プラットフォームを整備している。

では、ハイパフォーマンス企業に共通する特徴を明らかにしながら、彼らがどのように現在のようなハイパフォーマンスを実現してきたのかを見ていくこととしよう。

ハイパフォーマンス企業の特徴①——スケールとスコープの追求

ハイパフォーマンス企業には、まずグローバルスケールを獲得して事業プラットフォームを構築し、そこに製品・サービスをのせて成長するという、共通の成長パターンをとっているという特徴がある。図2-2に示すように、彼らの成長パターンを二つのステップに分けて概説する。

ハイパフォーマンス企業の成長パターン（第一ステージ）――グローバルスケールの追求

ハイパフォーマンス企業は、どのようにしてこうした高い成長率と利益率を実現しているのだろうか？

まず、第一ステップとしては企業としての「グローバルスケール」の追求である。

ハイパフォーマンス企業は、多極化が経営に対して与えるインパクトを強く意識して経営を行っている。具体的には、新興国市場の誕生・規模拡大を見据え、低価格帯製品を拡充してきている。

彼らが行っているのは、これまでより大きな市場を取り込み、規模を拡大して低コスト化し、低価格帯を武器にさらに大きな市場を取り込むという好循環を回すことである。一見、三極時代のシェア競争の再現に見えるが、決してそうではない。三極時代に日本企業が経験してきたシェア競争は、決まったパイのシェアを取り合うことだった。しかし、多極化世界の競争はこれまでは存在しなかった新たな市場――とりわけ新興国において新たな市場を作り出し、規模を拡大していく競争になる。先進国の既存の市場へのアプローチに比べ、新興国の市場開拓では需要そのものの発見・発掘が必要――場合によっては消費行動を定着させるという負担すら必要――であり、企業にとってはよりシビアな競争が課されることになる。

新興国市場が課すこのような制約から考えると、いかなる企業であっても、現在実施している事業すべてで世界に出て行くのは難しい。したがって、世界市場で勝てる製品やサービスに絞り込む、事業の集中と選択が必要となる。世界市場で勝てる製品やサービスに絞り込むのだ。たとえばサムスンは、半導体・液晶パネル・携帯電話端末に経営資源を集中している。半導体・液晶パネルの二者においてはコモディティ化の流れを見越して製造設備に莫大な投資を行い、大規模生産による低コスト化を図った。また、携帯電話端末に絞って市場参入し、多額のマーケティング費用を集中投下することによってその国におけるブランドを確立した後に、他の製品を展開するという方法を一貫して取ることにより、消費者向け電化製品のグローバル展開も成功させている。

選択した事業において、地理的な拡大と消費者ターゲットの絞り込み——つまり、これまで日本企業がターゲットとしていたような高所得者層ではなく、中・低所得者層の獲得——を積極的に展開する。こうして獲得した規模をテコに、抜本的にコストを引き下げ、

図2-2　ハイパフォーマンス企業の成長パターン

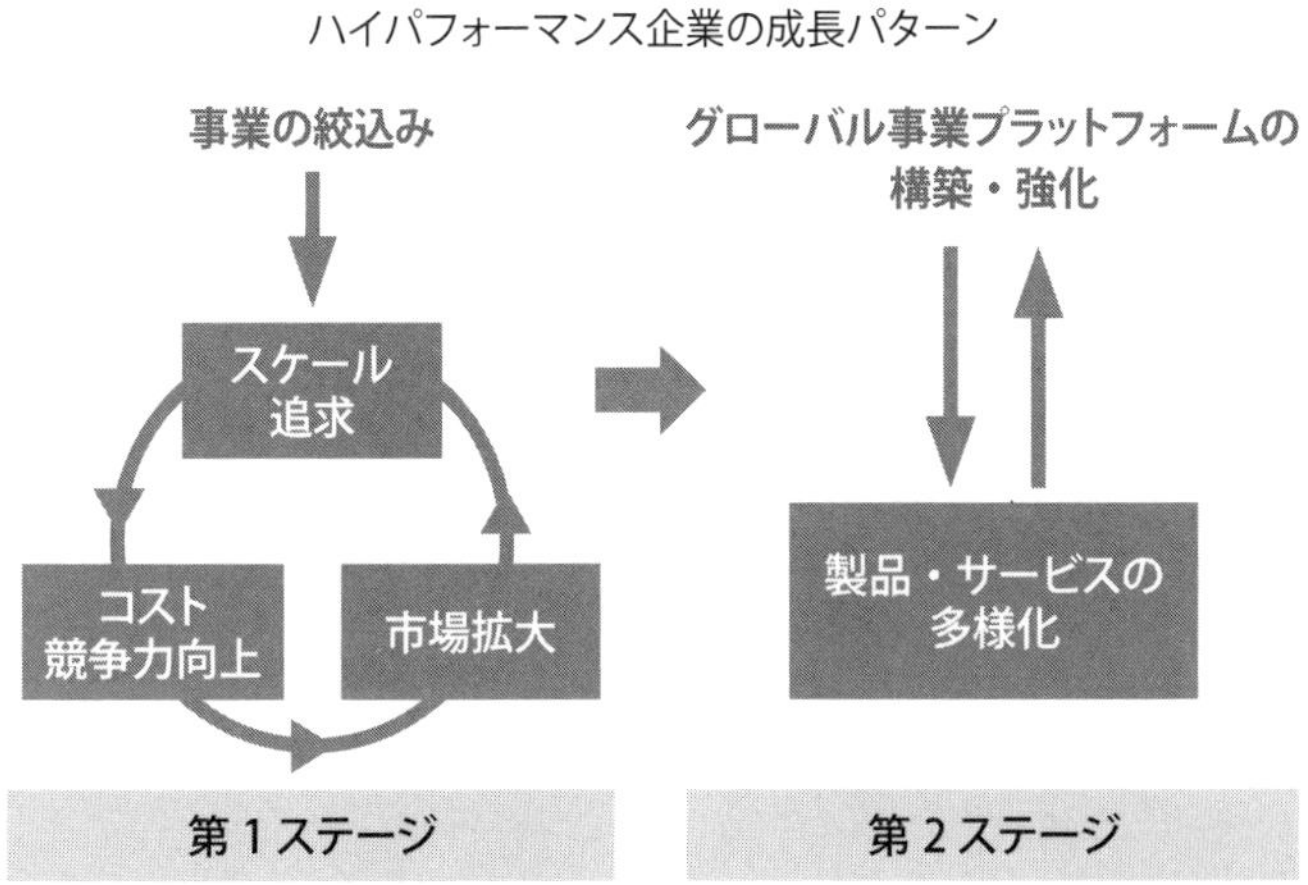

出所：アクセンチュア

低価格を武器に、新興国のより大きなマーケットである中・低所得者層を取り込む。これによって、さらに規模が拡大し、さらなる低コスト化が可能となる。このような好循環を回しているのが、ノキアやサムスン、P&Gをはじめとするハイパフォーマンス企業である。

こうした地域的拡大と消費者の深掘りを行った後に、次のステップとしては、進出すべき国々への販売網やサプライチェーンなど、市場展開していくのに必要な「事業プラットフォーム」を地球規模で構築するという段階に進むことになる。

ハイパフォーマンス企業の成長パターン（第二ステージ）――製品・サービスの多様化

次のステップでは、世界規模で事業プラットフォームを構築し、それを利用して製品やサービスを飛躍的に増やし、事業拡大していく。社内外から世界に通用しそうな製品・サービスを発掘し、その製品やサービスをグローバルスケールで展開することにより、一気に拡販を図っていく。

事業プラットフォームとは、全世界で共有された研究開発・調達・製造・物流・流通チャネルおよび財務経理や人事などの支援業務の仕組みを指す。これは、全世界に対して共通の製品、もしくは部材など製品構成要素の供給を実現するにとどまらない。研究開発においては、全世界の研究リソースを共有することで、衆知を集めた迅速な開発を可能にする。製造・調達・物流に関しては、先述のとおりのスケールメリットを活かすことが可能になる。こういった全世界で一体的な経営資源の管理を実現することで、基本的にあらゆるリソースが全世界で活用可能になり、各国別にリソースを管理するのに比べ、リソースの稼働率の面からも、一つのリソースが持つ価値は増大することになる。

この段階では、開発機能の重要性が飛躍的に増大する。多種の製品・サービスをグローバル展開するということは、各地域に合わせたローカライゼーションが必要だということを同時に意味するからである（後述するように、ローカライゼーションと言っても単に規格を国・地域に合わせることにとどまらない）。自社開発で対応するにしても、事業プラットフォームの構築により開発リソースの面で優位に立つことができる。あるいは、M&Aにより新しい市場に進出する場合でも、買収したローカルブランドを、事業プラットフォームによりグローバルブランドに展開することが可能になることで、買収の費用対効果を高く見積もることが可能になり、自社の買収能力が高まる。逆にいえば、キャッシュフローを増大させることが容易な分だけ、迅速な「撤退」も判断可能になる。

再びノキアを例に取れば、彼らは携帯電話事業関連企業の買収を数多く行っているが、グローバルでトップクラスに入れないような事業はすばやく売却している。米国の地図データメーカー、ナブテック社の買収はノキアによる最大規模の買収であるが、単に規模の大きな買収であるというだけではなく、地図サービスを携帯に搭載することで大きなシナジーを実現させ、ノキアのビジネス基盤を大きく広げようとしている（ナブテック社は世界二大地図サービス会社のうちの一つである）。一方で、かつて買収した消費者向け電化製品事業などは、将来性がないと見るや、巨額の買収金額には拘泥することなく、わずかな期間の後に売却している。

もう一点強調しておきたいのは、グローバル展開の対象となる製品やサービスはもはや先進国にあるとは限らないということである。新興国で生まれた製品・サービスも重要なグローバル展開のターゲットになる、いわゆる「製品の逆流現象」が生じているのだ。

GEヘルスケアの例を見てみよう。GEヘルスケアは、新興国向けに従来品の二割(約二五〇〇ドル)という低価格の小型心電計MAC八〇〇を開発した。MAC八〇〇は、高額な医療機器が売れにくい新興国向けに機能を絞り込んで開発したいわばエントリーモデルであるが、これが米国においてヒット製品となったのである。購入したのは主に、いわゆる家庭医や農村部の診療所、訪問看護師など、持ち運びのできる小型心電計を必要としている層であった。彼らもまた、低価格製品を必要としている層であることは言うまでもない。新興国向け製品のターゲット層は、新興国だけでなく先進国にも存在するということ、すなわち、新興国向け製品・新興国発祥製品のグローバル展開がありうることをこの例は示していると言えるだろう。

日本企業はどう対応すればいいか?

一方、自動車や建設機械などの例外を除いて、エレクトロニクスなど多くの業界で日本企業のシェアが年々減少している。規模が確保できないために高コスト構造になり、高コスト構造の高価格製品では新興国の市場でシェアを取れないという悪循環に陥っている。こうした日本企業に対し、サムスンは規模の重要性を理解し、必ず一定数量が販売可能な製品にするという開発姿勢を採っている。薄型テレビ開発の際にも、技術的に実現可能な薄さの実現よりはコストとのバランスを考慮し、高コストにならない範囲での薄さで妥協するという。新興国をはじめ、米国や西欧においても薄型テレビでシェア一位を獲得しているのはこうした製品開発姿勢によるところが大きく、シェア一位獲得によりさらなる好循環を維持している好例と言えるだろう。

それでは、日本企業はこの悪循環からどのように脱出すればいいのだろうか？　現状からどのように変化していくべきだろうか？

多くの日本企業にとっては、そもそも事業の絞り込みが難しい。多くの経営者の方は事業を絞り込むことの重要性は理解しておられる。とはいえ、事業の集中と選択は経営者にとって非常に勇気の要る決断である。自社が世界で勝てる、将来性ある事業を見極めなければならないわけだが、見極めた事業が成功するか否かについては成功するまでは誰も確証を持つことができないからである。事業の絞り込みが本質的にこうした不確定要素を持つということに加え、さまざまな事情が絡みあうため、ますます実行の難度が上がってしまう。

事業絞り込み実行のハードルとして、経営者からよく挙げられる課題は三つある。一つめは、絞り込みの対象となる事業が現時点では必ずしも不採算事業とは言えない（売上や利益が一時的にせよ出ている）ということ、二つめは長年一緒に汗を流してきた従業員を社外に出せない・路頭に迷わせられないということ、三つめは経営の安定化を図るために事業ポートフォリオに多くの事業を維持しておきたいということである。これに加えて、事業絞り込みによりいきなり売上を落とすことは株価維持の点で難しいとか、不採算事業であったとしても長年の顧客がついているのでやめられないとか、会長肝いりで始めた事業であるためやめるという議論をすること自体難しい、といった「課題」を挙げられる。

こうした「課題」も踏まえると、多くの企業の場合、世界で勝てる事業以外をすべて捨てるということは現実的でない。現実的には、事業の多くを残すことを前提としながら、多極化にどう対応していくかを検討しなくてはならない。

そのような企業の取るべき道は、まず、どれだけニッチであっても、世界のトップを取ることのできる事業や製品、コアとなる技術を発掘し、次の柱となる収益性の高い事業を作り上げることだ。ただし、世界のトップたる事業に育てるためには、それ相応の投資が必要であるから、人材や資金は十分に投入しなくてはならない。

そのための原資をどう作るかであるが、資産の売却や地代の高い社屋の移転などによって賄うのが妥当だろう。売却のハードルが比較的低い他事業の売却も手段の一つであろう。また、有望な事業にいい人材が十分に配置されていない場合には、強制的に人員を異動させる手段を講ずるべきだ。最低でもその程度の犠牲は払うことを既存事業に要求する必要がある。

「ニッチでも世界トップを取る」という戦略は超巨大企業の専売特許ではない。むしろ、一般的に中小企業は余剰人材や設備を持たないため、内部に資源を抱え込んでいないことが大きなメリットでさえあるだろう。外部パートナーをうまく活用することで、ベストなバリューチェーンを組むことが可能であるからである。

中小企業でも立派に世界シェアを獲得して大きな利益をあげている企業がある。たとえば、年商約九〇億円のマニーという栃木県にある医療機器メーカーの概要と成長戦略を見てみよう。

マニーは、手術用縫合針や歯科・眼科医療用具を製造しているメーカーである。一九五九年（昭和三四年）に創業し、創業当時から一貫して、縫合針をはじめとする医療用具の製造に携わり、二〇〇一年（平成一三年）にはジャスダック上場を果たしている。売上高の約七割を海外市場で稼ぎ出し、営業利益率は約四割を誇る。二〇〇八年には一二期連続の増収増益を実現している、文字通りの優良企業である。

マニーの成長戦略の特徴として、トレードオフ（何をやらないか）を明確にしているということがある。マニーの掲げる五つのトレードオフは、

- 医療機器以外はやらない
- 保有技術の無い製品はやらない
- 世界一の品質以外はめざさない
- ニッチ市場（世界一〇〇〇億円以下）以外やらない
- 世界中に販売できないものはやらない

（以上、五〇期上半期〔二〇〇九年二月〕決算説明会資料より）

というものである。マニーはこのトレードオフを戦略立案の基準とし、中期戦略としては「各製品で世界一、二位をめざす」という目標を掲げてもいる。この戦略が結実していることは言うまでもないだろう。「ニッチでも世界トップを取る」ことの強さを示す一つの例として、心に留めていただければと思う。

ハイパフォーマンス企業の特徴②――本社がコントロールを高める

二つめのハイパフォーマンス企業の特徴は、本社ガバナンスの強さである。ハイパフォーマンス企業においては、本社がしっかりとグループ全体のオペレーションや経営資源の管理を行い、効率性や全体最適を追求している。

日本企業は、すべてにおいて現場の意見を聞きすぎる傾向があると私は考えている。スズキの鈴木会長によれば「トップダウンはコストダウン、ボトムアップはコストアップだ」とのことであるが、ボトムアップによる活動が多すぎて社内政治にエネルギーの多くを費やしているのが現状ではないだろうか。ボトムアップによる改善は、個々の現場に視野が限定された活動になり、「声の大きい」現場に優先的に予算が回されるということもしばしば起こる。そして、その部門のみの都合に適った改善にとどまった結果、コストアップを招いてしまう。

まず、オペレーションの効率性の側面から、日本企業とハイパフォーマンス企業を比較してみよう。

SCMなどのオペレーション改革を行う場合、改革の対象範囲は部門内、企業内、グループ内と拡大していく。一般的に、日本企業は部門主導のもとに部門内改革はしっかりと行う。一方、ハイパフォーマンス企業は本社主導のもとに企業の枠を越えたグループでの改革にフォーカスする。いわば、日本企業は「深さ」、ハイパフォーマンス企業は「広さ」を追求している。限られた範囲において「深さ」のみを追求していると、ある部門、ある工場においてはハイパフォーマンス企業よりも効率的なオペレーションが行われているかもしれないが、全社で見たときには圧倒的な効率性の格差が生まれることになる。

ハイパフォーマンス企業の代表的な施策としては、企業グループ内で徹底的にオペレーションを標準化し、IT化し業務スピードを向上させること、さらに定型業務をシェアードサービスとして低コスト地域にまとめて配置することにより、大幅なコストダウンを実現している。たとえばP&Gは、GBSと呼ばれるグローバル共通の組織に定型業務を集約している。注目すべきは、単に低コスト地域に配置した一つの組織に業務を集約するだけではなく、業務効率を高めるために業務の標準化（共通化）を徹底させるということである。標準化まで徹底させてはじめて、コストダウンが実現されるのである。

いわゆる経営管理においてもオペレーションと同様のことが言える。日本企業は「部門単位」や「日本」という単位では、「深く」しっかり管理している。しかし、いざ海外法人となると財務的に連結を行うのがやっとという会社が多い。ハイパフォーマンス企業は、世界中のグループ企業の現場の末端まで広く情報を把握している。彼らはリアルタイムで異常を見つけ、経営改善のアクションを現場とともに検討し、実行していく。ハイパフォーマンス企業はいわば現場まで丸裸の状態だ。組織の末端まで目が行き届いている分、経営目標の達成率が高くなる。

最後に、資金や人材、イノベーションなどの経営資源の最適化を、本社主導で行っているということが挙げられよう。資金はグループでいったん吸い上げ、本社の判断によってもっとも優先順位の高い項目にフォーカスして投入している。人材についても優秀な将来のリーダー候補に関しては、事業展開しているさまざまな国や全グループから吸い上げて本社が管理し、たとえば新興市場参入や新事業の拡大などのチャレンジングなポジションにつけ鍛えている。GEの幹部育成研修、サムスンの地域専門家制度などが好例である。イノベーションについても、社内外のアイデアを本社で吸い上げ、製品やサービスの開発に生かしている。部門内にアイデアがとどまることによるイノベーションの停滞や、いわゆるタコツボ化を防ぐためである。P&Gが、社外のアイデアからの製品化率を五〇%にする施策「コネクト&ディベロップメント」を掲げ、効率の高いR&Dを実現しているのが有名な事例である。

先ほど日本企業の問題点を「現場の声を聞きすぎる」ことであると述べたが、こうして見てくると、「現場の声を聞きすぎる」弊害として、事業部や地域といった単位で垣根を生じさせてしまうことが分かってくる。この状況を解決する手段、本社ガバナンスを強める手段としては、一つにはCOO、CFO、CIOなどの「C－エグゼクティブ」の役割を再定義し強化することが考えられる。

日本企業では必ずしもそうとは言えないものの、「Cｰエグゼクティブ」は本来、専門的な知識を携え、事業部を越えた強大な権力を駆使して社長直下で、社長の手足となって働く存在である。いわば、本社ガバナンス強化の要石とも言える存在である。たとえば、オペレーション改革を一地域・一部門の改革で終わらせるのではなくグループ内共通の改革として成就させるためには、彼らのコミットメントが必要かつ有効であるだろう。

「Cｰエグゼクティブ」という役職を設けている企業は、改めてその役割・権限を見直し、単なる肩書きに終わらない実効性のある役職として活用されてはいかがだろうか。

導入目的の違いがもたらす「使える」ＥＲＰ

ここで、ＥＲＰ導入を例にとって、あるべき本社の姿について考えてみよう。

ＥＲＰ（Enterprise Resource Planning：人材・資産・資金・情報など企業内のあらゆる経営資源を企業全体で管理しようという考え方。ここでは、そのために用いられる情報システムやソフトウェアパッケージのことを指す）は、本社がコントロールを強化するために非常に重要な位置づけの情報システムである。この情報システムの導入により、企業内データの一元管理・リアルタイム管理が可能になるということで、世界中の企業が多額の投資をした。しかし、海外企業と日本企業では、実はその目的が大きく異なっていた。これは、日本企業の「中身のグローバル化」が遅れていることの一つの要因でもある。

海外企業にとっては、ＥＲＰ導入はオペレーションの「標準化」と「可視化」が第一の目的であり、

「業務効率化」はそれに伴って実現されるものである。どういうことかというと、本社が決定した標準業務システムを在外法人やグループ会社に展開する（ロールアウト）ことに海外企業はフォーカスした。つまり、システム導入によって業務のやり方が全世界で統一されること（標準化）、標準化を前提として、いわば全世界共通のモノサシを使って情報を見られるようにすること（可視化）、結果として本社のコントロールを高めることこそが、彼らにとってのキーポイントであったのだ。

一方、日本企業の場合も、ＥＲＰシステム導入の目的として「グローバル標準化」や「ベストプラクティス志向」などが謳われてはいたものの、実際の目的は、一義的にシステム導入による「業務効率化」であった。海外企業のＥＲＰ導入が経営トップの方を向いたものであるとすれば、日本企業のＥＲＰ導入は現場の方を向いたものであった。したがって、現場の意見を吸い上げることにより、現状業務の自動化をメインの目的としてシステム導入が行われることになった。それぞれの現場のやり方を踏襲するための、「アドオン」と呼ばれる非標準機能の組み込みに多くの資金と労力が投入された。現状の業務方法の継続を前提とした場合、日本のほうがコストダウン効果は大きく出たかもしれない。しかし、アドオン組み込みはＥＲＰ導入のコストを増加させると同時に、真の「可視化」への妨げとなった。

日本企業にもたらされたのは、ＥＲＰ導入によって情報が「見える」状態にはなったものの、せっかくの情報が「使えない」という事態である。つまり、各現場のやり方を尊重しすぎた結果、用語の定義やデータの粒度が、地域や部門によってまちまちになるという事態が起きた。つまり、情報の「標準化」ができていないため、システムに入っている情報を見ることができても、国や地域ごとに数値目標を設定したり結果を比較したりすることができないという事態が起きた。少なくとも、経営判断を下すための情報がリアルタイムで手に入るという状態からははるか遠く、情報に基づく迅速なアクションを起こせない体制になってしまっているのだ。場合によっては、「使える」状態とはとても言えないことすらあるだろう。

強調しておけば、私は現場のやり方を踏襲する「アドオン」がすべて悪だという主張をしているわけではない。どの企業にも、これまで培ってきた、すぐれた独自の手法があるだろう。そうしたものをアドオンとして組み込むのは必ずしも悪ではなく、むしろ競争優位の源泉でさえある場合もあるだろう。しかし、事業部門単位で、もしくは本社・海外法人・グループ会社のような単位でそれぞれにアドオンを組み込むことは、必要な情報の可視化を妨げ、迅速なアクションを阻害するものにしかならない。本社が行うべきは、システム導入の目的や方向性を明確に打ち出し、会社として真に必要なアドオンと「現場のわがまま」とを区別して、「現場のわがまま」を排除することであった。

日本企業は海外企業よりもボトムアップの力が強いため、標準化を進めるのはずっとハードルが高い、とおっしゃる方もいるかもしれない。しかし、海外企業においても、標準の仕組みの「押し付け」は現場から反感を買うことに変わりはない。違いがあるとすれば、海外企業では、現場の合意を得るために社員の変革時の心理を分析し、やり過ぎとも言えるくらいコミュニケーションに時間をかけている。一方、日本企業は途中で妥協して現場の意見を聞き入れる場合が多いため、変革のためのコミュニケーションは実は少ない。ERP導入の目的がそもそも異なるにせよ、本社の姿勢として学ぶべきところは多いのではないだろうか。

グローバル経営を成功させる五つのポイント

ハイパフォーマンス企業のグローバル経営の成功の秘訣は五つに集約できる（図2－3）。

本章では、これら五つについて、いかなる考え方を持つべきかを示したい。

市場創造力

成功の秘訣の一つめは「市場創造力」である。「市場参入」ではなく、「市場創造」だということに注意してほしい。

日本が欧米に進出したとき、先進国ではもはや市場ができており、そこでいかに競合と差別化してシェアをとるかというのが参入の戦略であった。しかし、これからの主戦場となる新興国においては、市場そのものが存在せず、新たに創造する場合が多い。したがって、新興国でビジネスを行うには、消費者の生活をしっかりと理解し、自らの製品サービスがどのようなシーンで使われるのかを明確にする、消費者に使い方を教育して事業を行うためのインフラの整備を併せて行うなどの必要がある。

すでに新興国市場に参入している企業は、さまざまなアイデアを商品やサービスに組み込んでいる。興味深い事例が多いので、その中からいくつかご紹介しよう。

次の二つの事例は、「事業のインフラ整備」という観点から注目すべきものである。

消費財メーカーのユニリーバは、小学校という場を利用してインドの農村で石鹸を拡販するのに成功している。ユニリーバ社員が地域の小学校を回り、感染症予防における石鹸手洗いの重要性を授業の一環として教えるというものである。子供を介して親にも手洗いの習慣が広まるため、家族ぐるみの

図2-3　グローバル経営を成功させる5つのポイント

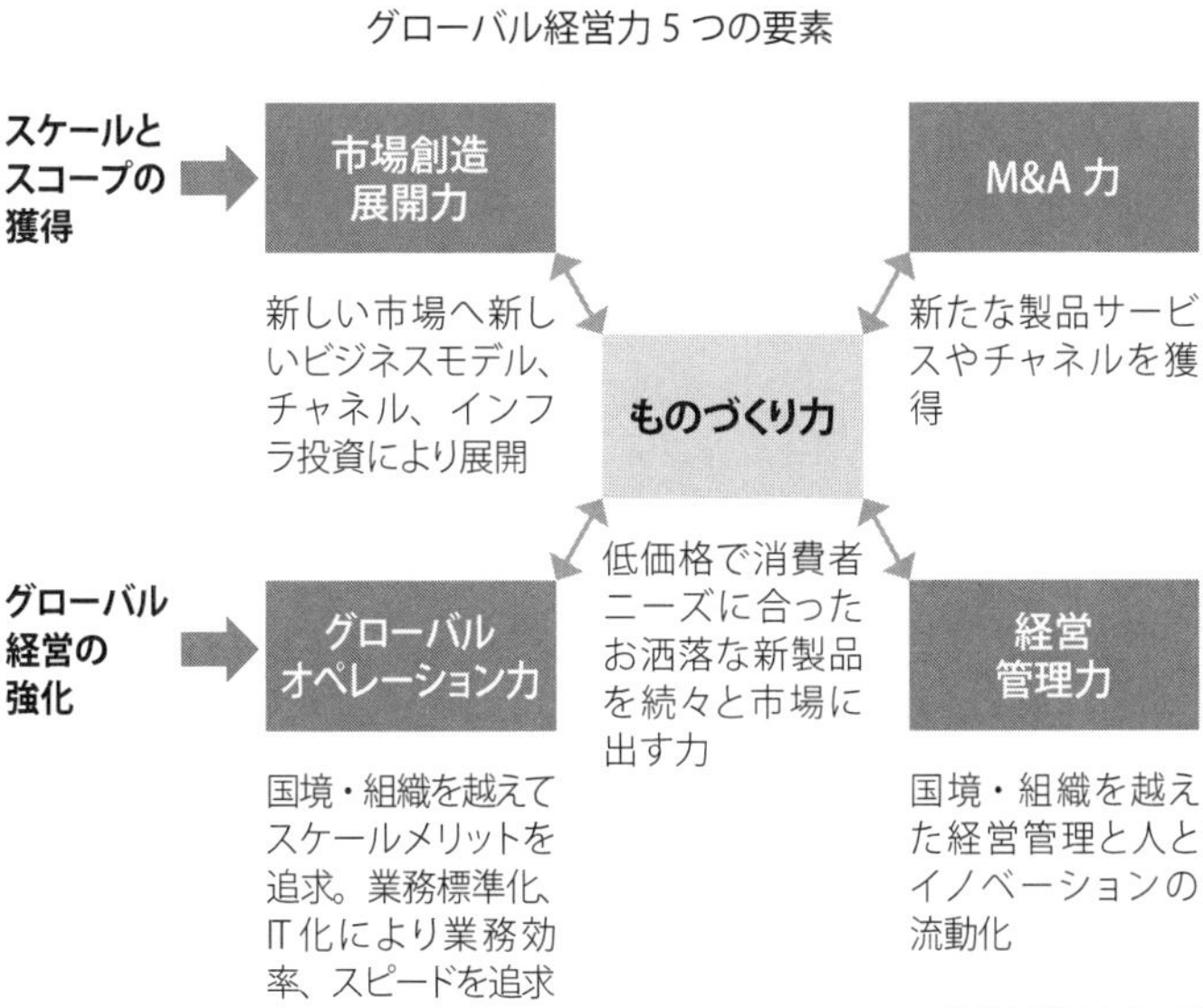
グローバル経営力 5 つの要素
スケールとスコープの獲得
市場創造展開力
新しい市場へ新しいビジネスモデル、チャネル、インフラ投資により展開
M&A 力
新たな製品サービスやチャネルを獲得
ものづくり力
低価格で消費者ニーズに合ったお洒落な新製品を続々と市場に出す力
グローバル経営の強化
グローバルオペレーション力
国境・組織を越えてスケールメリットを追求。業務標準化、IT 化により業務効率、スピードを追求
経営管理力
国境・組織を越えた経営管理と人とイノベーションの流動化
出所：アクセンチュア

効率よいマーケティングが可能である。しかも、「感染症予防」という目的を掲げることで、ユニリーバという企業が〝人々の健康に貢献する会社〟というブランドイメージを醸成することにも成功している。

食品メーカーであるネスレも、非常に変わった市場創造を行っている。ネスレは、インドにおいて乳製品市場を創造しようとしたが、そもそもインドでは乳製品を製造するための原料乳がほとんど調達できない状況であった。搾乳した原料乳を保存する設備がないことはもちろん、原料乳の品質も悪く、量も十分でなかった。このため、彼らは農村に冷蔵設備を設置するだけではなく、農民に対する酪農指導や、獣医や栄養士といった専門家の派遣、井戸掘削への資金・技術支援をするなど、市場創造に対しては直接的とは思えない周辺的な取り組みを行うことから始めた。結果として、品質のよい原料乳が調達できるようになっただけではなく、安定的な収入を得られるようになった農家の生活水準向上などの副次的な効果も生み、ネスレ製品の市場拡大につながっている。

次の二つの事例は、先進国市場を主たるターゲットとしていた企業が、新興国市場の低所得者層に巨大なマーケットを見出し、ビジネスモデルに工夫を凝らして参入した事例である。

ノキアは、グラミン銀行のようなマイクロファイナンス機関と組み、新興国／途上国の低所得者層向けに「ヴィレッジフォン」と名づけられた契約形態向けの携帯電話端末や、端末と受信アンテナ、充電用ケーブルをセットにした「ヴィレッジフォン・キット」と呼ばれる製品セットを供給している。ヴィレッジフォンの仕組みは、マイクロファイナンス機関から融資を受けた農村の「起業家」が携帯電話を契約し、村民に携帯電話を時間貸しすることで使用時間に応じた料金を利用者に支払ってもらうというものである。「起業家」はこの電話貸し事業によって生計を立てることをめざす。自分で携帯電話や固定電話を持つ余裕はなくても、通話時間に応じた料金を支払う程度ならば低所得者でも可能であること、通信の需要が途上国の農村にも等しく存在することに着目して生まれたプログラムであると言えよう。

ノキアのヴィレッジフォン向けの携帯電話端末は、低所得者向けに低価格の端末になっていることはもちろん、使用形態を踏まえて、利用者個々人の利用時間が分かる機能を端末に搭載するなどの工夫が凝らされている。また、「ヴィレッジフォン・キット」の販売により通信キャリアの設備投資費を削減することで、低所得者向けの低価格サービスの実現、ひいては利用者増にも貢献している点にも着目すべきだろう。

富裕層向けの資産運用サービスで有名なスタンダードチャータード銀行も、アジア・アフリカ地域でのマイクロファイナンス事業に着手している。当初はマイクロファイナンス機関への貸付にとどまっていたが、二〇〇八年には中国ウルムチ市で小額農業貸付サービスの提供を開始、二〇〇九年には内蒙古フフホト市でスタンダードチャータード銀行としては初の「農村銀行」を開業するなど、より直接的な形でのビジネスに参入している。新興国の経済成長を見込み、従来の富裕層向けビジネスとはまったく異なる収益モデルによるビジネス――すなわち、巨大マーケットから薄く広く利益を獲得するビジネスに参入した例である。

次の事例は、先進国のような流通チャネルが新興国にはないことを逆手に取ったものである。

ノキアは、現在インドで五〇%を超えるシェアを獲得し携帯電話サービスで首位となっている。ただし、このシェアは携帯電話専売店、家電販売店のような一般的な流通チャネルのみで得られたものではない。ノキアは、インドの流通チャネル事情を考慮した結果、そうした一般的な販売チャネルのない農村地帯で携帯電話を売るために、「ショップ・オン・ホイール（車輪の付いた販売店）」というプログラムを実施することとした。これは、いわゆるリヤカーのようなものに携帯電話を積んで、地域の住人に村々で売り歩いてもらうという、いわば移動販売チャネルである。先進国での方法に固執することなく、その国・地域の人々にとって身近な販売チャネルを探ることによって地道なシェア拡大を図っている例と言えよう。

M&A力

二つめは「M&A力」、すなわち、M&Aを通して成長していく力である。これを考える上では、M&Aの目的に立ち返ってみるのがよいだろう。

M&Aの目的には、大きく二つある。

一つめは、業界再編などを目的として同業種の企業を買収する、「規模」獲得を目的としたものだ。鉄鋼、化学、資源、金融業などに代表される、一般的に供給過剰で規模の経済が働く業界が多く、このタイプのM&Aが日本では多い。これらの業界は概して買収金額が大きいことが特徴である。メインとなる統合効果は工場閉鎖や人員リストラによるコスト削減効果である。とはいえ一～二割のコスト削減がせいぜいだ。買収の際に大量の株式を購入するため、価格に対してプレミアム(上乗せ額)を支払う必要があるが平均的なプレミアムは価格の約三割である。要するに、このタイプの買収で買収額に見合った成功をすることはかなり難しく、成功確率は三割弱と低いのが実状だ。

二つめは、社内の能力が十分でない機能を、買収先企業によって補う「能力」獲得を目的とするものだ。

獲得の目的となる能力としては、地域を拡大するための「流通チャネル」や、新たな「製品・サービス」の技術やブランドが多い。先述のハイパフォーマンス企業の成長パターンとの関連で示すと、前者は事業プラットフォーム構築に寄与し、後者はそれに載せる「製品・サービス」の獲得に寄与する。前者の買収には、買収先企業の元々の企業価値に加え、彼らの流通網を用いることにより新しい地域の市場に進出できるというメリットがある。後者には、買収企業の元々の企業価値に加えて、彼らの製品・サービスを自社の流通網を使って拡販できるというメリットがある。

流通チャネル獲得目的のM&Aとして、近年の例としては塩野義製薬によるサイエル・ファーマの買収が挙げられよう。買収金額は約一五〇〇億円、プレミアムは五七%と決して安い買い物ではないものの、米国における販売体制の確立という目的は妥当であるとマーケットからは見なされているようである。

一般的に、能力獲得目的の買収は、買収金額の何倍、何十倍もの効果が期待できる。その一方で、規模獲得目的の買収と異なり、買収対象が中小規模の企業になることが多く、「一気に成長」することはできない。どういったM&Aが自社の目的に適うものであるか、業界の性質に適うものであるかをよく検討する必要がある。

留意すべきは、ケイパビリティ目的のM&Aでは、数多くのM&Aを多頻度に行うことになるため、社内にM&A専任チームを整備する必要がある点である。M&Aチームのメンバーは、つねに世界中に目を向け、自社の能力を補完してくれるいい企業がないか、能動的に探索することが必要になる。そうしたメンバーを抱えることはかなりハードルの高いことであると思われるかもしれないが、M&Aは繰り返すことによって習熟していくことのできるプロセスであり、メンバーにはM&Aを経験させていくことがとにかく重要である。

そうした「経験」を積み重ねている企業としては、JT（日本たばこ産業）がある。一九九八年のユニマットコーポレーションとの業務提携に始まり、一九九八年の鳥居薬品、一九九九年の米RJRナビスコの米国外タバコ事業、旭化成の食品事業子会社の取得等を経て、二〇〇七年には英ガラハーを巨額で買収するに至っている。ガラハー買収を名実ともにJTのM&Aの集大成と位置づけるならば、それまでの一連のM&Aは練習プロセスとして十分に機能したと言えよう。

ものづくり力

三つめは「ものづくり力」である。

ここでは、ものづくりの目的を「高付加価値品」を作ることから、「安くていいもの」を作ることにシフトさせることが必要になってくる。多極化時代において求められる「安さ」は、現状の製品価格から大幅な値下げを要求するものであり、それを実現するためにはものづくりの発想を大きく変える必要がある。多極化によって拡大する市場の規模を、徹底的にコストダウンに結びつける発想がまずは必要である。

抜本的なコストダウンのための具体的な方策としては、まず「製品プラットフォーム化」である。さまざまな国からのニーズをいったんグローバルレベルで昇華させ、単純な製品構成にする。たとえば、ノキアではグローバルでの製品コンセプトを「Connect（シンプルな携帯）」、「Live（おしゃれな人のための携帯）」、「Achieve（ビジネスユースの人のための携帯）」、「Explore（最新テクノロジーを追い求める人のための携帯）」の四つに限定した。このコンセプトモデルをプラットフォームとして、蕎麦屋の品書きのように（「もりそば」が、「ざるそば」になり「天ざる」になるように）、ローカルな要素を付加することで製品数を拡大している。以下で述べる部品の共通化と相俟って、つねに消費者の新しいニーズに対応した製品を、少ないコストでスピーディに出すことができるメリットも大きい。

二つめの方策としては、「部品の共通化」を進めることだ。クラス間、世代間で部品の共通化を行い、調達量を増やすことで、各部品のコストを下げていく。ポイントは、消費者が付加価値を感じにくい部分や直接見えない部分について、共通化を進めていくことである。これにより、開発プロセスを短期化し、製品の鮮度を上げることが可能になる。また、回収した部品の再利用《リサイクル》も容易になるため、希少資源の確保という意味でも長期的にコストに効いてくるだろう。

ただし、部品の共通化はかえってコスト高を招くことがある。たとえばローエンド製品とハイエンド製品で同じ部品を使うと、ローエンド製品の部品としては割高になってしまうことがあるためだ。したがって、個別最適でなく全体最適を考える役割を担う専任の組織が一気通貫で部品の共通化を進めないと、コストダウンに結びつく共通化は促進されない。前述のノキアでは、製品開発を担う部門とは別に、部品の共通化に取り組む部門（プラットフォーム開発部門）が存在し、ハードウェアのみならずソフトウェアの共通化も進めている。

三つめの方策はサプライヤの集約化である。この目的は二つあり、集約化によって一社からの購買量を増やしボリュームディスカウントをねらうことがまず一つであるが、より大きく比較的目新しい目的としては、サプライヤへの設計・製造のアウトソーシングを行うというものがある。そもそも、メーカーとサプライヤの間には設計と製造において多くの重複が存在してきた。多くのケースにおいては、メーカーが業務を抱え込みすぎているため、重複部分をサプライヤ側に移管し、メーカー側はもっと身軽になろうということだ。

ベストなサプライヤを選択しそこに設計を任せることにより、メーカー・サプライヤで分業していたときよりも品質保持と低コストの両立が容易になる。製造も同様で、可能な限りサプライヤからモジュール納品してもらうことで、メーカーの製造設備への投資が軽減される。その結果、メーカーは市場に柔軟な対応をすることが可能になり、生産拠点の統廃合が容易になると同時に、多地域展開もスピードアップできる。

四つめの方策が、研究・開発・デザインへの投資をできるだけ川下にシフトすることだ。日本が欧米企業を追い越し世界が二極から三極に変化したとき、欧米企業の投資の重点は基礎研究にあり、日本企業は製品開発に主に投資していた。それと同様に、現在のハイパフォーマンス企業の多くは設計・デザインに多くの投資を行っている。

よくある疑問としては、基礎研究をアウトソースし開発に重点を置くと、自分たちの付加価値が失われるのではないかというものである。疑問は一面においては正しい。というのは、ハイパフォーマンス企業は「スマイルカーブ」の発想は変わらず持ち続けており、満遍なく投資しないだけでコアとなる技術への投資は惜しまず行っているからである。ちなみにノキアは、数々のソフトウェア企業を買収すると同時に、ノキア・グロース・パートナーズというファンドを設立し、「ノキアの戦略を実現するための技術」に対する投資を外部企業に対して積極的に行っている。具体的な投資実績としては、携帯電話カメラの手振れ補正技術を開発する企業に対するものなどがある。技術開発と言えど、必ずしも自社内で抱え込む必要はないことを示す例といえよう。

オペレーション力

四つめの力が、「オペレーション力」である。

オペレーション力を高めるためのポイントは、オペレーション改革の範囲を「深さ」から「広さ」

（つまり「国別・組織別」の改革から「グローバル・グループ」での改革）にシフトすることにある。国や組織を越えてグローバルレベルで標準化を進め、その上でＩＴ化することにより大幅な効率化とスピードアップを実現することが可能になる。

ここで主な対象として考えているオペレーションは、サプライチェーン業務、及び財務・経理、人事・総務などの管理（バックオフィス）業務だ。

まずサプライチェーン業務について説明しよう。

実現される効果の一つめは、世界各地にある製造工場の標準化の促進である。これは、製品プラットフォームの導入や部品共通化をグローバル・グループレベルで実施することにより実現されるものであり、これにより世界のどの地域の工場でも同じ製品を同じ方法、同じ部材で作れる状態になる。結果として、需要変動に柔軟に対応し、時期に応じた最適な工場で生産することができるようになるため、在庫や流通コストが削減される。

二つめは、製造業務の標準化に伴い、工場や物流などの業務システムがグローバルで標準化されることにより、業務がグローバルレベルで可視化されることである。業務効率や納入スピードが大幅に短縮するだけではなく、経営判断に必要な数値データもすばやく手に入るようになる。

三つめは、改革範囲をグローバルレベルから、企業間レベルにまで広げることで実現される効果である。近年では、顧客、調達先、生産委託先、物流業務委託先などのビジネスパートナーとも業務システムの標準化を実施している企業が多い。顧客や調達先との情報共有は、在庫や業務コストの大幅な削減を可能にする。自社内における効果だけではなく、パートナーまで巻き込んだ広範な効果が期待できる。

次にバックオフィス業務について説明する。

バックオフィス業務における効果の一つめは、標準化の後にIT化を進めることにより、いわゆる「工業化」が可能になることである。すなわち、労働集約的な業務のうち、IT化できる部分はIT化し、人手を介さずに行うことができるようにする。グローバルレベルで業務標準化を行って地域や部門によるカスタマイズを減らすことにより、情報システム費用は大きく抑制できる（付け加えれば、業務標準化には、社内の人材の流動性を高めるという副次的な効果もある。世界各地の業務の基本動作を整えることが必要だからである）。

効果の二つめは、IT化した業務を海外の低コスト地域に集約して配置することにより、さらなるコストダウンを実現できる点である。ハイパフォーマンス企業では、現在、三極で地域単位の配置を行っている例が多い。アジアにおいてはインドや中国といった、ITスキルの高い人材が集積している地域に配置されている。アクセンチュアでも、アジア太平洋地域のバックオフィス業務は中国の大連市に集約して行われている。

経営管理力

五つめが、「経営管理力」である。

本社は国境・組織を越えて世界中のグループ会社を管理する必要があるが、多極化により経営環境の変化が激しくなったことにより、その管理力を今後さらに上げていく必要がある。新興国での新たな市場創造は、財務パフォーマンスが読みにくく経営に与えるインパクトが大きい。また、IFRS（国際財務報告基準）導入による影響も考慮していかなければならない。

どのような方策により経営管理力を上げることができるだろうか。一つには、予算立案から経営管理までのPDCAサイクルを多頻度化することである。二つめとしては、予測により未然のうちに対応を考え、迅速なアクションを講じる「予防型経営管理」、三つめが財務・顧客・業務プロセス・従業員の観点から行う「多面的経営管理」である。

アクセンチュアを例として具体的に話すこととしよう。アクセンチュアでは平時には、二週間毎に予測・結果の管理を行っている。現場の業務の末端に至るまで本社による可視化が実施されており、財務的な目標の達成状況だけではなく、顧客満足度、従業員満足度と会社へのエンゲージメント、業務プロセスの改善状況など、組織の目標の達成状況がつねにモニターされている。事前に目標未達になりそうなリスクは予め検知され、本社と現場がお互い知恵を出し合って改善策を練ることを要求される。

こうした経営管理を実現するためには、「標準化」→「可視化」→「マイクロマネジメント」という流れを実現することが必要だ。とりわけ、基本にあるのは「標準化」の実現である。たとえば、工場の「稼働率」一つをとってみても、補修時間を分母に含めるかどうか、休日稼動をどうカウントするかなどが工場によって定義が異なり、単純比較ができないような企業が多い。これらの定義を統一し、同じモノサシで測れるようにすることの意義は経営管理上、非常に大きい。同じモノサシで測れるようになってはじめて真の「可視化」が実現され、「可視化」されたデータをマイクロマネジメントする意義が生まれるからである。

経営管理においてもう一点重要なのは、資金、人材、イノベーションなどの経営資源の、国境や組織を越えた有効活用である。特に、資金、人材、イノベーションは既存組織の所有物ではなく、企業グループ全体の所有物であると考えなければならない。組織の既得権益を奪い、将来に向けて柔軟に配置できる仕組みの整備が必要だ。

資金については、現状では各グループ会社に偏在していることが多い。歴史的に利益を上げてきたグループ会社は、余剰資金を成長のための投資ではなく、必要でない不動産の購入に充てていたりすることもある。かつての企業努力から連綿と生み出される余剰資金に甘え、現在の企業努力を怠るなど、甘い経営をしたりしている場合もある。ハイパフォーマンス企業では、将来の成長に向けた最適な投資を行うためにグループ内で最適な資金配置を行うところが増えてきている。

人材についても、ハイパフォーマンス企業では、世界中のグループ企業から優秀な人材を選別して若いうちからチャレンジさせるような仕組みを持っているところが多い。日本企業の多くがそうだが、若い優秀な人材は既存組織に抱え込まれており、なかなか企業にとって重要な成長事業や地域展開に投入できていないのが実情であるが、サムスンのように、優秀な人材を抱え込んで放出しない組織の上長に対する罰則を設けている企業すら存在する。若い優秀な人材を細分化された既存組織に所属させるのではなく、配置、評価、報酬、教育などの権限を本社に集中させ、若い頃から徹底的に育てる企業も増えてきている。

イノベーションについては、社内のイノベーションを可能な限りスピーディに世界中で情報共有し、各市場で展開すべきであろう。イノベーション共有のためには、情報システムの整備も有効である。たとえばP&Gは、研究者が手書きで管理していた「実験ノート」を電子化し、世界中でアイデアを共有することによってイノベーションを加速させようとしている。また、自社以外の企業や学術機関、研究者などを取り込み、イノベーションをグローバルに共有化する企業も増加している。イノベーションを公募するイノセンティブのような企業の活用も一つの方策であると考えられる。

第3章

市場創造力——市場参入から市場創造へ

市場を創造するということ——無から有を創造する

先述したように、新興国市場の成長に伴い、先進国市場と新興国市場のポートフォリオを持つ重要性が多くの企業にとって高まっている。しかし、先進国でのビジネスに慣れた多くの企業は新興国市場でうまくいかずに苦しんでいる。さまざまな市場で成功してきたコカ・コーラですら、インドで黒字化するまでには三〇年かかったという。日本企業でも、先進国と基本的には同じ製品を販売し、先進国と同様の販売拠点を置くものの、なかなかビジネスがうまくいかない企業は多い。

日本企業にとって、先進国でのビジネスは、消費者のニーズが顕在化し、「ルールが整った」環境の中で、いかに競争に勝つかという戦いであった。たとえて言えば、野球やサッカーなど、ルールが確立したスポーツのようなものだ。しかし、新興国市場においては、消費者の顕在化したニーズはなく（あったとしてもそれを把握するための先進国のような手段がない）、製品やサービスを届けるための流通チャネルも、ビジネスを行うためのインフラも、マーケティングチャネルもない中で、ビジネスを始める必要がある。ゲームのルールを作りながら戦わなければならない。

新興国市場の消費者は、いわば「新しい消費者」である。彼らは低所得であるといっても、安ければ買うというほど単純ではなく、とても「わがまま」だ。むしろ低所得であるだけに、価格・品質の両面に納得しなければ購入しないし、先進的なデザインへの要望も強い。しかも、彼らの消費者としての成長は速く、すぐにニーズが高度化する。そのため、つねに「新鮮」な製品・サービスを提供し続けることが必要になる。プロダクトアウト的な発想で品質やデザインを決定するのではなく、現地の人についての調査を十分に行い、彼らの嗜好や価値観に適合していることが売れる製品・サービスの条件になる。

新興国市場において市場を創り出すためには何をすべきか？

新興国で市場を創造することは、いわば無から有を創り出すことだ。「無」から「有」を創り出すためには莫大なエネルギーと、それを一点に集中させることが必要だ。

そのために、企業はまず他社とは差別化された事業や製品に絞って展開し、エネルギーをそこに集中投入しなければならない。そうすることによってはじめて、明確なブランドを打ち出し確立することができる。はじめから総花的な製品展開・事業展開をするとうまくいかないケースが多い。

二つめは、現地におけるベストなビジネスパートナーを得ることである。パートナーは現地企業かもしれないし、政府かもしれない。市場創造は短期間に成し遂げられるものではない。成功までの過程には、市場創造しようというエネルギーが弱まってしまう局面もあるだろう。そんなときにエネルギーを与え、力になってくれるビジネスパートナーの存在は重要である。

三つめは、経営トップの強いコミットメントである。新しいことへのチャレンジには大きな不確実性が伴う。そのため、市場創造に会社のエネルギーを投入するという、ＣＥＯや社長の強い意思と覚悟は必須である。サラリーマン経営者の企業で新興国市場参入がうまく行っていないのはこのあたりに原因があるのだろう。

スズキのインドでの成功は、CEOの強いコミットメントがあった代表的な例だ。同時に、現地の強力なパートナーを獲得した例でもある。

一九八〇年代に、スズキがインド進出を検討したときにはインドの国産乗用車としては、アンバサダーとプレミアという高級車しかなかったという。しかも輸入車には高い関税が課せられており、車はインドでは超贅沢品であった。当時のインド政府は一般の人にも手が届く「国民車」を作るプロジェクトを立ち上げ、協力してくれる日本企業を募った。そこでインド政府にパートナーとして選ばれたことがスズキの成功要因の一つとしてあるわけだが、それはCEOのコミットメントあってこそのものだった。他の日本企業は挨拶こそ社長が出てくるが、その後の詳細は部課長クラスが議論したという。スズキだけが、CEO自らが三時間ほどもかけて精力的に検討に参加した。そのことが、インド政府がスズキを選んだ理由になるのである。

もちろん、「安く高品質」な車という差別化された製品を提供できたということがスズキの成功要因としてあるわけだが、決定的な要因は社長のコミットメントにあったということだ。

本書では、新興国市場での市場創造の方策を五つの視点でとらえている。

●ローエンドをねらう
●ローカルニーズに適応する
●ビジネスモデルを革新する
●インフラを構築する
●ブランドを構築する

ここからは、五つの視点に基づいてさまざまな企業の成功事例を紹介していく。各企業の創意工夫を、あなたの会社においてどのようなチャレンジが可能かを考えるヒントにしていただきたい。

ローエンドをねらう——BOP（the Base of the Pyramid）市場の魅力

多くの日本企業はローエンド顧客をねらった製品を武器に新興国市場に出ることには、いまだに懐疑的だ。そんな安い製品で、サービスで、いったいどうやって利益を得るのだと思うのであろう。しかし、市場の広がりを考えれば、ローエンド市場は魅力的である。実際、二〇〇八年のノキアの売上の約五〇％は新興国／途上国市場から得られたものであるし、P＆G、ネスレにおいても三〇％以上の売上を新興国／途上国から獲得している（しかも、P＆Gにいたっては、新興国における利益率は先進国のそれと比肩するという）。

ローエンドに行けば行くほど市場は飛躍的に拡大する。図3－1に見るように、世帯別年収が一万米ドル以上の層は中国で二四〇〇万世帯、インドで六〇〇万世帯だが、五〇〇〇米ドル以上の層まで視野に入れれば市場はそれぞれ七六〇〇万世帯、二六〇〇万世帯と三～四倍になる。

しかも、新興国市場の低所得者層の収入は年とともに成長しているので、現時点から彼らをとらえておけば、中長期的にみれば意義が大きい。「ブランド構築」のセクションでも改めて述べるが、先行者としてブランドを刷り込んでしまうことにより、その市場において圧倒的な強さを獲得できるのである。

また、先進国市場においても、私たちの身近なところで次々と価格破壊が起こっている。一〇〇円マック、二九〇円弁当など外食産業は次々と価格の低い商品を打ち出している。台湾メーカーによる五万円ＰＣ、ファストリテイリングの九九〇円ジーンズ、すべての商品を一〇〇円均一としたローソンストア一〇〇など枚挙に暇がない。これまで低価格帯商品を出してこなかったＧＡＰが低価格業態店を出したり、百貨店にしか出店してこなかったアパレルメーカーが、ショッピングモールのような安い業態にも出るようになったりと、市場は確実に低価格路線へ振れつつある。

ここでは、ＢＯＰ市場で成功を収めている事例としてセメックスを紹介する。これまで顧客になりがたいと思われていたＢＯＰ市場をターゲットとし、見事につかんだ例である。

世界有数のセメント会社であるメキシコのセメックスは、もともとメキシコに存在したタンダという慣習をうまく利用し、ＢＯＰ市場の開拓に成功した。メキシコの低所得者層は個々人で貯蓄をする習慣がなく、集落単位で貯蓄を行う。その貯蓄は、住居の新築や増改築、家族の病気や教育資金など、まとまったお金が必要になったときに、抽選や入札によって集落のメンバーが獲得できるという仕組みになっている。セメックスはこのタンダを利用して、自社のセメントを販売する仕組みを構築した。

　セメックスが始めた「パトリモニオ・オイ（今日から子孫に財産を）」というプログラムは、家が建つ分だけのセメントを買えるまで、契約者グループに定期的に決まった金額を積み立てさせるというもので、タンダの目的を住居建築に限定したものと考えればよい（メキシコでは、低所得者が住む住居の素材はほとんどがセメントである）。加えて、ある程度貯蓄を重ねて金額がまとまったところで、その金額以上のセメントを引き渡すという一種の信用販売プログラムとなっていることで、住宅を

図3-1　中国・インドの世帯別年収分布

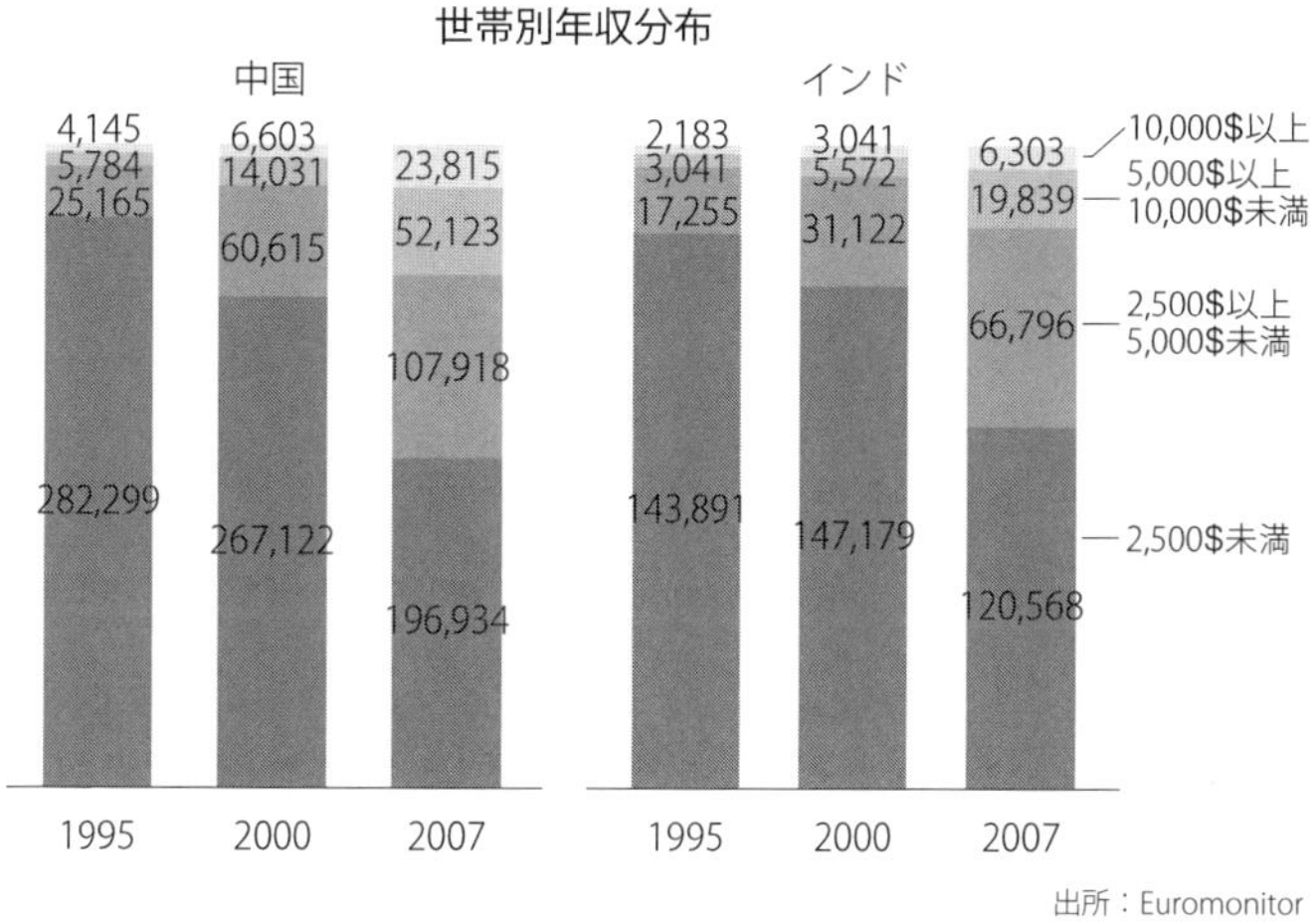

出所：Euromonitor

建築するのに十分なセメントが低所得者にも手に入りやすいようになっている。定期的な収入のない低所得者マーケットでは、通常、信用販売は成り立ちにくいが、集団で貯蓄するという地元の風習をうまく利用することで信用販売が成り立つようにしたことが工夫のポイントである。セメックスはこのプログラムを開始した地域において、これまでのおよそ三倍のセメントが売れるようになったという。

一見魅力が薄いように思われがちなローエンド市場であるが、その広がりを考えれば十分に魅力的な市場である。

ローカルニーズに適応する

新興国のローエンド市場に入ると決めたら、次に行うことは、ローカルニーズに自社の製品・サービスを適応させることである。ローカルニーズへの適応とは、単に、その国・地域に合った規格に製品を合致させたり、説明書に現地語を追加したりするにとどまらない。彼らの手に届く価格帯の製品を出すだけでもない。ターゲットとする層がどのような生活を送り、どのような特徴を持ち、何を求めているか、何に価値を置いているかを把握する必要がある。彼らの生活に密着し、入り込み、必要とされる製品・サービスでなければならない。そのような製品・サービスを出さない限りは、その市場においてニッチなセグメントしかカバーできない。そして、ローエンド市場の魅力はその巨大さにあるので、ニッチなセグメントをねらっていってもまったく意味がないのだ。

ローカルニーズに適応するには、参入しようとする市場について、徹底した調査を行うことが必要である。前述のセメックスも、「パトリモニオ・オイ」プログラムを開始するにあたって、地元の企業でありながら三カ月に及ぶ調査を行っている。これが地元企業ではなく海外の企業であったならば、より多くの時間を調査に費やす必要があることは言うまでもないだろう。

ここからは、ハイパフォーマンス企業がさまざまな調査結果を活かしながら、ローカルニーズに対応している例を具体的に見ていこう。

たとえば、ローカルな嗜好や要求に合った製品・サービス作りに、顧客インサイトや、マーケットインサイトを用いているハイパフォーマンス企業がある。

国や地域が異なれば、消費パターンが同じであることは滅多にない。文化的に特徴的な趣味嗜好があり、収入レベルも異なり、購入のパターンも異なる。日本のように毎日少量ずつ食料品を購入する場合もあれば、アメリカのように一週間分まとめ買いする場合もある。そうした購入パターンに応じ、小売りのインフラも国・地域によりさまざまに異なってくる。次に挙げるのは、そうしたインサイトを活かして中国進出を成功させている例である。

中国の消費者は、新鮮な品物を好み、毎日生鮮市場で食料品を購入するという習慣を持っている。大手ショッピングスーパーを展開するテスコは、そうした中国の習慣に合わせることとした。その一例が、より新鮮な食材を消費者に提供するために生簀《いけす》を店舗に設置することであり、中国にあるテスコの店舗はたいてい、スッポンとカエルの生簀を持っている。現地のショッピング習慣に合わせたアプローチが功を奏し、中国国内のテスコの店舗は二〇〇八年現在、五〇店舗を越えている。

ハイパフォーマンス企業には、意思決定を迅速化するため、科学的な顧客分析を活用しているところも多い。

超低価格車の「ナノ」で一躍有名になったインドのタタ自動車は、インド国内外の一〇〇〇以上のディーラーから、顧客及びその乗用車についてのデータをリアルタイムで取得できるシステムを構築している。このデータにより、タタ自動車は現在の需要を把握するとともに将来の需要を予測して、サプライチェーンの最適化までを行うことが可能だという。

アメリカの化粧品メーカーであるエイボンは、もともとは販売員を介した訪問販売制度で成長した企業であるが、近年では直販も行うようになっている。エイボンでは、優秀な訪問販売員を抱えるためにかかるさまざまなコストと、直販チャネルの成長のためにかける投資とを適正化するために、社内外の統計専門家に委託して膨大な自社データについて回帰分析を行い、判断材料としている。エイボンは近年、中国市場における業績を非常に伸ばしている企業でもある。

アメリカの自動車部品メーカーであるジョンソン・コントロールズでは、異なったセグメントに向けた製品を作るための材料とするために、広汎なマーケットリサーチを行っている。たとえば、アメリカ、ドイツ、チェコを横断して行ったリサーチでは、個人・二人一組・フォーカスグループとさまざまな形態で行ったインタビューを活用して、自動車の内装デザインについての女性の嗜好調査を行い、六つの特徴を明らかにして今後の製品開発に活かそうとしている。

ここまでは、顧客インサイトや顧客データを活かして成功している例を挙げてきたが、一般に、新興国市場には大した顧客データがない場合も多い。そうした場合、消費者の嗜好やトレンドを把握することは非常に困難である。また、顧客データがもし入手できたとしても、それを適切に理解することにハードルがある場合もある。ハイパフォーマンス企業では、顧客特性を理解するために現地企業との提携や現地人採用を強化することで対応している。

たとえばサムスンでは、海外の顧客や慣習を理解するために「地域専門家制度」を活用している。優秀な若手を選抜して海外に一年間単身で派遣する制度である。派遣された地域の文化や歴史、習慣を実体験し、その地域の専門家を養成することを目的としており、派遣された社員は住居探し、語学学校探しから人脈づくりまで、すべてを独力で行わなければならない。そして、事業・製品展開を行う際には、「地域専門家」の意見が必ず反映される。

サムスンではまた、戦略上、特に重要であると位置づけられた国においては、現地人採用を積極的に行っている（その最たる国が中国である）。外国企業の中で、最高の給与水準・福利厚生を確保するだけではなく、優秀な大学生を確保するために奨学金の支給を行ったり、大学に寄付講座を設置したりもしている。

ノキアがローカルニーズの把握のために行っているのは、世界各地でのフィールドワークである。二〜三人のノキア社員、現地ガイド一人、六人程度の地元大学生でのチーム編成で行う調査が典型的パターンである。視点が偏るのを避けるため、ノキア社員は出身地がそれぞれ異なるよう、調整されている。このメンバーで、アドホックに三〇人程度の現地住民に対し聞き取り調査を行う。こうしたフィールドワークから、前述の「ヴィレッジフォン」や、イスラム圏における「お祈りサポートアプリ（正確な礼拝の時間を教えてくれるアプリ）」、停電が多発するインドにおける「懐中電灯機能付き端末」などが誕生している。

ノキアではまた、世界一〇都市に「リサーチセンター」、五都市に「デザインスタジオ」を設置している。各施設は現地の大学や、美術・デザイン学校と連携して共同研究を行っている。たとえば、バンガロールのリサーチセンターでは、地元の技術者を中心に採用し、〝インド性〟を重視したインド向けの製品・サービスの開発を行っている。デザインスタジオは美大生の若い才能を活用し、現地の生活の特徴やトレンドをいち早くつかむことに貢献している。

このように、現地の生活に入り込んで、人々の暮らしぶりを知ることで、ローカルニーズに適応した製品・サービスを出して成功している企業は多い。必要なのは、言語対応などのごく形式的なローカライゼーションや、単に機能を絞り込んだだけの製品にとどまらずに現地の人のニーズを汲み取ったものを提供することである。

ビジネスモデルを革新する

新興国市場において製品・サービスの価格を低所得者層にも手の届くものにするには、ビジネスモデルの革新が必要である。彼ら低所得者層が要求するのは、地道なコスト削減では実現できないレベルの低価格である。提供形態を根本的に変える必要がある。

事例として目を引くのはやはりノキアであろう。彼らはBOP市場を掘り起こすために、ビジネスモデルを工夫している。代表的なものが前述の「ヴィレッジフォン」プログラムである。

ノキアではたとえば、アフリカのウガンダ、ルワンダの農村部でも「ヴィレッジフォン」プログラムを供給している。どちらの国の一人あたりGDPも一一五一ドル、一〇四一ドルと非常に低い（IMFのWorld Economic Outlook Database, April 2009による二〇〇八年の数値。ちなみに、中国五九六二ドル、インド二七六二ドルである）。こんな国で携帯電話が売れるのかと疑問に思うような環境であるが、ノキアはフィールドワークを行い携帯電話の需要があることを発見し、市場を創るために工夫した。ノキアの工夫は、携帯電話の契約者（利用者）を募集する農村の〝起業家〟、携帯電話サービスを供給する事業者（シーメンス）、〝起業家〟に携帯電話を契約する資金を融資するマイクロファイナンス機関（グラミン銀行）、携帯電話端末供給者（ノキア）の間で、リスクを分散するスキームを作ったことにある。これにより、月々の基本料金を三ドルまで下げ、契約者の獲得に成功した。

次はインドのデニムメーカー、アービンドの事例である。アービンドは、リーバイスやギャップといった大手アパレルメーカーに生地の供給を行っている世界有数のデニムメーカーである。自社ブランドのジーンズも製造している。とはいえ、アービンドのジーンズはインド国内ではあまり売れていなかった。米ドルにしておよそ四〇～六〇ドルという価格がインドの大多数の人にとっては高すぎるということと、国内の販売チャネルが貧弱でごくわずかな都市や村でしか販売していなかったことが原因である。そこで彼らは、既製品のジーンズを販売するのではなく、仕立てるばかりになっているジーンズ製作キットを販売することにした。新たに販売チャネルを構築する代わりに、地方に数千と存在する仕立屋のネットワークを利用した。デニム生地、ファスナー、リベット、継ぎ当て用生地が一セットになって六ドルという低価格で売り出されたこの製品は大ヒットし、インド国内のジーンズ市場を拡大することになった。

中南米で事業展開するアメリカ・モビルの勝因は、人口の大多数を占める低所得者層向けにプリペイド方式の携帯電話を提供したことである。その結果、これらの地域では携帯電話の普及率が非常に高くなっており、アルゼンチンをはじめ、人口普及率が九割を超える国が複数存在するほどである。個々の契約者の月間売上高は高くないものの人口のカバー率が非常に高いため、アメリカ・モビルは世界のトップ五に入るグローバルキャリアとなっている。

なお、ノキアがそうであるように、携帯電話端末やサービスを売ること自体がビジネスチャンスであると同時に、携帯電話自体が新興国市場／ローエンド市場でビジネスを始める際の必需品となっていることは注目に値するだろう。現在、固定電話が存在しない地域にも携帯電話網は広がっており、二〇〇八年単年度でも五億人が携帯電話の新たな契約者となった。広い意味でとらえた携帯電話の〝利用者〟(契約者とは限らない)は世界に四〇億人とも推計されている。携帯電話はすでに地球規模の社会インフラとなっており、マーケティングや医療には携帯電話の活用により大きなチャンスがある。先進国においては、携帯電話はパソコンを補完する役割を果たしているが、新興国／途上国での携帯電話は、先進国におけるパソコンと携帯電話の役割を一手に引き受けているのである。

具体的な例で見ていこう。新興国においても、携帯電話は単なる通話の道具ではなくなっている。携帯電話間のショートメールサービスやインターネットサービスはもちろんのこと、私たちが日常利用するように、あるいはそれ以上に、携帯電話を用いたさまざまなサービスが開始されている。ノルウェーの携帯電話事業者であるテレノールはシティバンクと提携して、モバイルバンキングを利用したDiGiREMITという国際送金サービスをマレーシアの顧客に対して提供している。ターゲット顧客はバングラデシュ、フィリピン、インドネシアからの移民であり、彼らは本国への送金を携帯電話によって行っているのだ。テレノールはまた、パキスタンでは病院から遠く離れた地域に住む顧客のために、電話で診察を受けられるサービスを提供してもいる。この診察サービスは八つの言語で提供されているだけではなく、男性医師か女性医師かを選べさえもする。

こうした例を見ると、ビジネスモデルの革新によって、ＢＯＰ市場でも大きな利益を上げていくことが可能であると分かるだろう。

インフラを構築する

市場創造のためには、広い意味でのインフラ構築が非常に重要である。アクセンチュアの調査によれば、ハイパフォーマンス企業のうちの三割がインフラ構築に非常に力を入れている。ハイパフォーマンスを実現していない企業ではその割合が二二％に下がるのと対照的である。

次に挙げるのは、非常に直接的なインフラ構築の例である。

アメリカ・モビルでは、顧客を獲得するため、サービス提供エリアの拡大や基地局のキャパシティ増強、技術開発など、文字通りのインフラ構築にかなり大きな投資を行ってきた。その結果、たとえばアルゼンチンでは、アメリカ・モビルが参入した二〇〇三年当時に一九％だった携帯電話普及率が一〇〇％を超えることとなった。

インフラ構築はある程度大規模な投資になるだけに、それに伴うリスクを軽減するのも重要になってくる。ノキアとシーメンスの合弁会社であるノキア・シーメンスは、新興国における基地局設置の負担を軽減するため、自社による基地局設置だけでなくフランチャイジーによる基地局設置を進めている。フランチャイジーは周囲四〜五キロメートルを有効範囲とする簡易アンテナを村に建設し、月数ドルを契約者から回収するというモデルである。自社のみでは行き届かない地方農村部の需要を拾い上げるとともに、リスク分散にもなっている。

より間接的な意味合いでのインフラ構築もある。インドにおけるネスレの酪農事業支援がその例である。

ネスレがインドの乳製品市場に進出したとき、インドの酪農事業は非常に遅れていた。酪農家が少なかっただけではなく、乳牛一頭あたりの牛乳の生産量は非常に少なく、品質も貧弱であり、原料乳の現地調達は難しい状況だった。その状況でネスレが行ったのは、酪農家の支援及び教育である。獣医や農地管理士などの専門家を派遣したり、酪農家に毎月の研修を行ったりするのみならず、酪農とは直接関係のない灌漑《かんがい》設備整備への資金・技術援助なども行った。その結果、牛乳の生産量の増加・品質向上が実現し、ネスレは十分な原料乳を確保できるようになった。それにとどまらず、原料乳を安定的にネスレに販売するようになったり、灌漑設備が整うことによって農産物の生産量が向上したりしたおかげで、地域農民の生活水準が上がり、結果的にネスレ製品の市場も拡大することとなった。事業インフラの構築としては非常に遠回りではあるが、他に比べがたい堅固さを持つ例と言えよう。

流通チャネルの整備も、インフラ構築の一つとして非常に重要である。

おおかたの新興国では、先進国にあるような流通チャネルがない。量販店は少なく、個人経営のいわゆるパパママショップが中心である。パパママショップを流通チャネルとして網羅的に利用するのは難しいため、流通チャネルを整備するための工夫が必要となる。

流通チャネル構築のために有効な手段としては、すでに販路を持つ現地企業と組むことがある。ノキアはインドにおいて、現在約一一万店の小売店ネットワークを築いている（うち三分の一はノキア携帯の専売店である）。これは現地企業のＨＣＬとパートナーシップを結び、すでに構築されていたＨＣＬの流通チャネルを利用することによって形成したものである。ＨＣＬとのパートナーシップによってある程度堅固な販売網を築いた後に、ノキア単体でさらに販売ネットワークを広げる活動を行っている。流通網が届かない農村部マーケット開拓のための、前述の「ショップ・オン・ホイール」プログラムもその一例である。

ハイパフォーマンス企業の中には、一見変わった流通チャネルを用いて、手付かずの新興国の顧客グループにリーチしている企業もある。

ノルウェーのメディア企業シブステッドは、ロシアのテレビ広告業界（世界でも有数の速さで成長している業界）で優勢を誇る一方で、Moi Rayonというフリーペーパー（無料の新聞）を配布している。フリーペーパーという新しい市場をロシアで開拓した結果、ペテルブルクでもっとも読まれる新聞を発行する業者となっている。

デルはＰＣのネット販売で業績を伸ばした企業であるが、インターネットが普及していない国においては直販店の開設も行っている。これまでのビジネスモデルに固執することなく、新たな流通チャネルを活用することで、そうした国における販売を順調に伸ばしている。

ブランドを構築する

新興国の消費者は「ブランド好き」だという説がある。現地企業の製品よりも、日本メーカーや欧米メーカーの製品が好まれるというものだ。中には、日本メーカーの日本製のものでないと人気が落ちる場合すらあるという。この話が新興国市場で普遍的に当てはまるかどうかはともかく、一度信頼したメーカーに愛着を持ち、そのメーカーの製品を使い続けるという傾向は、こと新興国市場においては強く見られるという。であるとすると、新興国市場において最初に信頼を勝ち得るというのは非常に重要なことである。〝先行者利益〟の言葉通り、その市場を開拓したものが結果的にもっとも強いブランドとなる可能性がある。

〝先行者利益〟の典型例がコカ・コーラである。コカ・コーラの新興国／途上国市場への進出は圧倒的に早く、一人あたりGDPがおよそ二〇〇ドルに達した時点で進出している。実際にコカ・コーラを購入できる層がほとんど存在しないような萌芽市場に進出し、多大なプロモーション費用をかけてブランドを早期に構築するという戦略である。その戦略が世界各地で有効であったことは言うまでもないだろう。

世界的にも大きなシェアを誇る日清食品の即席麺だが、インドではシェアを拡げるのに非常に苦労したという。というのも、乳製品でインド市場に進出していたネスレが日清食品よりも先に即席麺を売り出していたからである。インド日清社長の多部田社長の言葉を引用すれば、「やはり〝一番のり〟は強い」ということになる（『続・インドの衝撃』〔文藝春秋、二〇〇九年〕より）。

信頼を勝ち得るという意味では、その企業の製品・サービスがどれほど自分たちの生活を向上させるかを根強くアピールすることも有効だ。それは、製品だけではなく企業全体のイメージを高めることにもなる。

ヒンドゥスタン・リーバは、インドにおけるユニリーバの子会社である。ヒンドゥスタン・リーバの取組みとしてよく知られているのは、小学校の衛生教育の一環として行っている石鹸を使った手洗い推奨運動だ。ヒンドゥスタン・リーバの社員が地方の小学校を回り、石鹸で手を洗うことにより感染症が防げることを教える。使われるのはもちろん、ヒンドゥスタン・リーバの製品である。子供たちは、リーバの製品が自分たちを感染症から守るものとして認識し、リーバがそうした製品を作っているよい企業であると考える。また、それを自分たちの家族に伝えもする。それゆえこの運動は、製品の単なる広告宣伝にとどまらない効果を持つのである。

製品ではなく、フィランソロピーや社会活動によって、企業ブランドを構築する例もある。企業イメージを高めることによって、製品への信頼感も同時に醸成しようというものだ。

サムスンはブランド構築に非常に力を入れている企業の一つであるが、特に力を入れているのが、いわゆるスポーツマーケティングだ。オリンピックやワールドカップサッカーのスポンサーになったりしているので目にする機会も多いだろう。たとえば中国では、オリンピック委員会と共同でランニングフェスティバルを開催したり、中韓サッカー代表の定期戦を行ったりしてきた。メディアへの露出度を高め、「中国社会に貢献している会社」というイメージを作るために多大な投資を行っている。これは中国に限らず、インドなど他の新興国市場でも同様である。

第4章

M&A力——足し算から掛け算へ

M&Aは、多極化時代の企業にとって必須の能力の一つとなっている。M&Aという仕掛けの活用により、あっという間に巨大企業となることが可能である。依存度こそ差があれ、ほとんどすべての海外のハイパフォーマンス企業にとってはM&Aは強力な成長ドライバーの一つだ。

金融危機以前、ハイパフォーマンス企業は蓄積したキャッシュ、あるいは将来のキャッシュフローをテコに資金を調達し、自らのコアビジネスを補完する企業を買収してきた。買収により増加したキャッシュフローを活用し、さらに買収を重ねるという、指数関数的な成長を実現してきた。

ハイパフォーマンス企業のこうした成長を見て、遅ればせながら積極的な買収に乗り出した日本企業も出てきていた。実際、アクセンチュアにも、今回の金融危機前にはさまざまな業界のクライアントから買収先探しの依頼があった。しかし、目ぼしい企業のほとんどはすでにグローバルメガ企業に手をつけられている状態であり、いい企業は少なくなっているというのが実情であった。

金融危機以降、資金調達が難しくなったことから一時的に企業の買収意欲は減退している。その一方で、企業は資金捻出を目的として事業の選択と集中を強めるため、事業や企業の売却が活発化する。そのため、買収候補先の選択肢が増える。しかも、好況時に比較すると、「いい会社」でさえもバーゲンセールで買収が可能だ。つまり、キャッシュに余裕のある企業にとっては今回の不況は大きなチャンスであると言える。

次に金融市場が回復するときには、今回のように日本企業だけが「お金持ち」だという状況にはならないだろう。先進国企業だけでなく、よりアグレッシブな新興国企業が再度M＆A合戦に参入し、「食うか食われるか」の状況になる可能性が高い。そのときには、買収を行いたくても「いい企業」「お買い得な企業」はもはやなくなっている可能性が高い。

日本企業はよく、成長のために、地域や事業を展開する「時間を買う」ために、M＆Aを行うという。しかし、成長に資するような優良企業はそう多くはない。市場の動かない今のうちにM＆Aを数多く経験し、来るときに備えるべきだ。

この章では、M＆Aを成長のドライバーとしてうまく活用している企業を見てみよう。海外先進国企業と新興国企業のM＆Aにはそれぞれ特徴があるため、その区分に基づき、事例を見ていくこととしよう。

海外先進国企業による買収

先進国企業は市場が成熟していることもあり、成長をM＆Aに大きく依存しているのが特徴である。M＆Aの経験が豊富なため、買収は大型化する傾向がある。

主な目的として、既存事業強化のための地域展開の基盤構築、製品や技術の獲得、ポートフォリオの組み換えが挙げられよう。

次に挙げるのは、買収により地域展開の基盤を構築した例である。

世界の酒類最大手、インベブ（現アンハイザー・ブッシュ・インベブ）は、地域展開のためにM&Aを用いている典型的な例である。

同社はベルギーのビール会社インターブリューが二〇〇四年にブラジル首位のビール会社アンベヴを買収したことにより誕生した。この合併により、インターブリューは成長する中南米市場へのアクセスを獲得したと言えるだろう。この大型M&Aによって酒類メーカー世界一の座を獲得した後、先進国だけではなく新興国市場にも進出し、一九九五年まで計三〇社を買収した。さらに二〇〇八年七月には、「バドワイザー」を有する米国のアンハイザー・ブッシュの買収を発表。米国市場での基盤を一気に強化した。五兆円を超える過去最大規模のM&Aである。新会社の名称はアンハイザー・ブッシュ・インベブとなり、世界のビール市場の四分の一を握る圧倒的なナンバーワン企業になった。本拠はベルギーであるが、生産拠点や販路は世界中に広がり、現在では世界一三〇カ国以上で事業を展開している。

同社は新興国市場を重視してきたが、理由はその高い成長力にある。ビールの出荷量は世界的に頭打ち傾向にあるが、中南米や中国、東欧などの市場は拡大している。新興国市場における現在の布石は、五年、一〇年後に大きな果実をもたらすだろう。

次に、M&Aによって製品・サービスや技術を獲得した事例を紹介しよう。たびたび登場している携帯電話事業で世界首位を走るフィンランドのノキアである。ノキアもまた、M&Aをうまく活用している企業の一つである。ただ、他の企業とはやや趣を異にしており、買収だけでなく売却も盛んに行っている。

一四〇年以上の歴史を持つ同社は、一九八〇年代にはフィンランド屈指のコングロマリットとして多様な事業をグループ内に持っていた。製紙、ゴム、ケーブル事業に加え、一九八〇年代には買収によって家庭用電化製品事業を獲得したものの、一九九〇年代に入ると、経営状態の悪化を受けて携帯電話事業を除く事業を次々に売却し、そこで得た資金を将来性の見込める携帯電話事業に注ぎ込み、後の発展の礎を築いた。

近年、ノキアは携帯電話端末事業から、携帯電話を利用したサービス／ソフトウェア事業に軸足を移す戦略を取っているが、それにあたってもM&Aを活用している。

二〇〇七年、ノキアOvi（フィンランド語で〝扉〟の意）と名づけられたポータルサービスを開始した。現在、音楽、地図、メッセージ、メディアとゲームをサービスとして提供しているが、このサービスを実現するために、ノキアは幾つもの企業を買収している。代表的なものが、デジタル地図ソフトを提供するナブテック、音楽配信資産を持つラウドアイなどである。また、NFC（Near Field Communication：短距離無線通信規格）市場の立ち上がりをにらんで合弁会社のヴェニョンを立ち上げ、携帯電話端末向けプラットフォーム提供業者としての立場を確立しようとしている。

ネスレも、製品獲得のためにM&Aを活用している企業の代表例である。「ネスカフェ」「キットカット」などで有名なネスレは、M&Aを成長のドライバーとして長く活用してきた。主なものだけでも、調味料やスープのメーカーであるマギーとの合併（一九四七年）、米国のカーネーション社の買収によるペットフード事業への参入（八五年）、パスタ事業を持つイタリアのブイトーニ・ペルジーナの買収（八八年）、ミネラルウォーターで知られるフランスのペリエの買収（九二年）などがある。もともと乳幼児向けの乳製品事業からスタートした同社だが、現在は総合食品メーカーとなり、各カテゴリーにおいて数多くのグローバル・ブランドを持っている。その連結売上高は二〇〇八年度で一〇九九億スイスフラン（一〇・二兆円）であり、世界第一位の食品メーカーである。

ネスレのM&Aの目的は、買収先の企業が持つ製品ブランドの獲得である。そこには、地域による嗜好の差が大きいという食品ならではの特質もある一方で、国内外で一定の認知度を持ちながら世界展開を行っていない企業の製品を、ネスレの流通網を使って世界中に展開するというねらいもある。ネスレの買収先にはそうした企業が多い。

ネスレの流通網に乗って世界的なブランドになったものの一つに、かつてはイタリアの国内ブランドに過ぎなかった「ブイトーニ」がある。現在ブイトーニは、「ネスカフェ」や「マギー」、「ペリエ」などとともに、同社で六つしかない「コーポレートブランド」という最上位の地位を与えられている。他には、一九八八年の英国のローエントリー買収によって獲得したチョコレート菓子「キットカット」などがある。ブイトーニ同様、キットカットもネスレによって大きく成長した。

こうした世界展開のノウハウだけでなく、地域の嗜好に細かく対応していくローカライゼーションの巧みさも同社の強みである。たとえば、ミネラルウォーターは地域によってかなり嗜好の異なる商品である。そこで、ペリエのような世界展開ブランドとは別に、ネスレは各地域で独自展開するローカルブランドも多数持っており世界中で七七種類を販売している。このように地域に合わせた製品をM&Aによって増やす一方で、欧州で買収したミネラルウォーターがたとえば米国人の嗜好に合うと分かれば、そのブランドを米国の流通網に乗せることも可能であるのが、ネスレの強みである。

「ペプシコーラ」で有名な米国のペプシコも、戦略的なM&Aによって大きな成長を実現している食品・飲料メーカーである。二〇〇八度の売上高は四三三億ドル（約四兆円）であり、食品メーカーとしてはネスレに次ぐ世界第二位の規模を誇る。ペプシコは、先進国市場と新興国市場のM&A戦略を明確に区別している。

新興国市場におけるペプシコのM&Aの特徴は、比較的小さなブランドの買収が多いことである。ロシア、タイ、ベトナム、トルコ、ポーランド、ベネズエラといった国でM&Aを行っているが、約一四億ドルで買収したロシアの飲料大手レベディンスキー（二〇〇八年）以外は比較的小規模な買収が多い。

新興国市場での買収におけるペプシコのねらいは二つある。一つは、比較的小さなブランドを買収して、それをペプシコの持つ世界的な流通ネットワークに乗せるというもの。これは先に見たネスレの世界展開のねらいと同様である。もう一つは、買収した現地企業が持つ流通網を利用して販路を強化することにより、ペプシコがその市場ですでに展開しているペプシなどのブランドにもう一段の成長を促すというものである。

他方、先進国市場において、ペプシコはM&Aを用いて製品ポートフォリオを徐々に組み換えている。現在、米国をはじめとする先進国市場では、消費者の健康志向の高まりを受けて炭酸飲料の市場が縮小傾向にある。そこでペプシコは、シリアル食品や果汁飲料、機能性飲料などのブランドを買収して炭酸飲料の縮小分を補い、先進国市場での成長を維持しようとしている。果汁飲料大手のトロピカーナ（一九九八年）、シリアル食品大手のクエーカーオーツ（二〇〇一年）の買収が、これにあたる。

主戦場としてきた炭酸飲料市場の成熟度合いによりM&Aを使い分け、さらなる成長を実現しようとしているのである。

新興国企業による買収

ここまで先進国企業によるM&Aの事例を見てきたが、M&Aは先進国企業の専売特許ではない。それどころか、新興国企業は先進国企業と比較しても劣らないくらいの大規模な買収をしている。また、M&Aを数多く経験することにより、すでにノウハウもかなり社内に蓄積されてきている。新興国の高成長企業には元国営企業も多いが、「国営企業」という言葉から想像されるような、非効率で鈍重な経営とは必ずしも結びつかないし、規模・利益・成長の三拍子揃ったすぐれた企業も存在する。

新興国企業のM&Aの目的は主に三つだ。一つは他の新興国を主とした「地域展開」、二つめは自社の付加価値を高めるための「川上・川下への展開」、三つめは先進国企業の持つ「高級ブランドの獲得」である。彼らは資金調達力や財務力の強さを武器に、これらの戦略に基づいた大型M&Aを仕掛けて急成長を遂げてきている。

まず、M&Aにより地域展開を強化する企業の例を見てみよう。新興国企業の地域展開のメインは、自分たちと同じような新興国市場であるが、それは、新興国市場が共通して持つ特性を生かしやすいからである。

メキシコの通信事業者アメリカ・モビルは二〇〇八年度の売上三一〇億ドル、営業利益率二八%、時価総額五八三億ドル（二〇〇九年五月一五日現在）の巨大企業である。通信事業というと、日本では国内の企業が支配するローカルな事業のように感じるが、海外では通信事業者は積極的に国外展開している。その例に漏れず、アメリカ・モビルは一九九九年にグァテマラのテルグアの買収を皮切りに中南米でのM&Aを本格化し、二〇〇七年までの間に二〇以上の無線通信キャリアを次々に買収。アメリカ合衆国にも一九九九年に進出を果たしており、南北アメリカ大陸に一気に事業網を拡大させている。この結果、中南米の携帯電話事業は、アメリカ・モビルとテレフォニカの二社で加入数のほぼ過半数を占める状況になっている。

中南米のような新興国市場には、固定電話のネットワークが敷設されていない地域も多い。そうした国や地域が今後、固定電話のネットワーク構築をスキップして携帯電話のネットワーク整備を進める可能性は高い。固定電話は使えなくても携帯電話が使えるという地域がしばしば現れてくると考えられる。南米のように携帯電話の普及率が高い地域は特にそうであろう。そうした国における携帯電話事業は、先進国のそれよりもインフラとしての役割が非常に大きい。M&Aの活用によりそうした地域を満遍なく押さえているアメリカ・モビルの強さは明らかだろう。

次に、M&Aを活用して川上・川下に展開する企業の例を見てみよう。

ブラジルの鉱業大手のヴァーレは、川上展開を活発に行っている代表的な企業である。ヴァーレは二〇〇八年度の売上高三八四億ドル、営業利益率三二%、時価総額七八四億ドル（二〇〇九年五月一五日現在）であり、リオ・ティント、BHPビリトンと並ぶ鉄鉱石三大メジャーである。もともとブラジル国営企業だったヴァーレは、主軸事業を鉄鉱石として豊富な国内資源を保有していたが、一九九七年の民営化後にはM&Aを進めることによってブラジル国内の鉄鉱石事業の集約を進めた。また、ニッケルや銅、アルミニウムなど鉄鉱石以外の資源獲得もM&Aや合弁会社設立によって強化しており、その対象はブラジル国外にも及んでいる。たとえば、ブラジルにニッケル鉱山を持つカナダのカニコを二〇〇五年に七・五億ドルで買収、二〇〇六年には同じくカナダの鉱業大手インコを一八九億ドルという巨額で買収しているほか、オーストラリアの石炭企業AMCIの買収（二〇〇七年、六・六億ドル）、アフリカを拠点とする銅鉱業者ティールとのJV設立（二〇〇九年、六五〇〇万ドル）などがある。このように積極的な展開を重ねた結果、二〇〇〇年から二〇〇九年の一〇年間でヴァーレが買収に費やした金額は二五九億ドルに上っている。

元ブラジル国営の石油・天然ガス採掘会社、ペトロブラスは、川下展開と地域展開の両方を行っている企業である。二〇〇八年度の売上は一一七二億ドル、営業利益率二二％、時価総額一六五〇億ドル（二〇〇九年五月一五日現在）、一〇〇を超える採油プラットフォームと一六の精錬所を世界中に持っている。同社はとりわけ、海洋における採掘技術に強みを持っているが、同時にM&Aを活用して製油や運輸、ガソリンスタンド事業などの川下展開を進めることで高付加価値化を推進している。流通・販売事業に関しては、二〇〇四年だけでもホワイト・マーティンズとLNG販売のための合弁会社設立、LPG販売網獲得のためのアジプ・ド・ブラジル、リキガス・ディストリビュイドラの買収、CEGリオへの増資を行っており、二〇〇六年にはShellの流通・小売事業の獲得により、ブラジル国内だけでなくウルグアイ・コロンビア・アルゼンチン・パラグアイでの販売事業も強化している。二〇〇七年に、沖縄県の南西石油を買収したことも記憶に新しい。

インドの石油化学大手、リライアンス・インダストリーズも川上・川下展開のよい事例の一つである。同社はインド三大財閥の一つであるアンバニー財閥の中核企業で、二〇〇八年度の売上は三四〇億ドル、営業利益率一七％、時価総額は六二一億ドル（二〇〇九年五月一五日現在）である。

貿易商として創業し、一九六六年に繊維事業を開始した。一九八二年にポリエステル繊維製造に参入し、その後、垂直統合による効率化を戦略の中核に据え、石油採掘から原材料加工・精製、繊維の生産、流通に至るまでの垂直展開を進めている。川上分野に関しては、自社で油田・ガス田を発見し採掘する他、世界各地から資源権益を獲得しており、二〇〇二年にはインド政府から国営石油化学会社のインド石油化学の経営権を取得している。さらに、川下分野に関しては、二〇〇五年にアダニ・グループから小売事業を買収し、コンビニ・ハイパーマーケット・電化製品専門店の三つの業態を立ち上げたほか、英マークス&スペンサーや米オフィス・デポといった外資小売業との提携により、商品・サービスの拡充を図っている。本業である繊維業に関しては、二〇〇四年にドイツのポリエステル繊維メーカーのトレビラを買収しポリエステル繊維トップメーカーになるなど、生産能力の強化も行った。その結果、二〇〇六年までの六年間で時価総額を五倍に高めている。

先進国企業同様に、M&Aによる技術獲得や事業ポートフォリオ拡大をめざす企業もある。

インドのミタル・スチールは経営難に陥った企業を買収し、再建することによって成長してきた企業である。彼らの当初のM&Aの目的は、どちらかと言えば単純な規模の拡大と、リストラによる時価総額の拡大にあり、技術獲得や製品ポートフォリオ拡大にはなかったように思われる。その傾向が変わってくるのが、ミタルを一躍有名にした二〇〇六年のアルセロール買収である。当時世界一位の鉄鋼メーカーであったアルセロールは、ミタルと異なり技術力の高いメーカーだ。ミタルはこのアルセロール買収の頃から、明確に技術獲得やポートフォリオ拡大、川上展開を意識しているようである。先進国企業の買収のみにフォーカスしても、二〇〇七年のフランスの鋼管会社バローレックの子会社買収、イギリスの鉄鋼卸NSD買収、二〇〇八年の建築鋼材メーカーのバイユー・スチール、合金メーカーのコンセプト・グループ、資源会社ミッド・ヴォル・コールグループ、クーパーズ・モネッセン・コークプラントなど枚挙に暇がない。

最後に、M&Aによって先進国メーカーの持つブランドを手に入れた新興国企業を見てみよう。中国パソコン最大手のレノボ・グループ（聯想集団）は二〇〇八年度で売上一六四億ドル、営業利益率三・一%、時価総額二六五億ドル（二〇〇九年五月一五日現在）、五五五万台を出荷する世界シェア四位のメーカーである。レノボは一九八四年に創業し、一九九七年には中国のPC市場でシェア一位となっている。二〇〇四年に、米IBMから一二・五億ドルで全PC事業を買収した。この買収により、レノボはシンクパッド（ThinkPad）という付加価値の高いブランドと、七〇～八〇カ国にまたがる世界的な販売網を手に入れている。

インドの財閥であるタタ・グループの自動車部門、タタ自動車も先進国の高級ブランドを獲得している。タタは元々、商用車（バス・トラック）を中心に展開していたが、低価格帯を中心に乗用車事業を強化する中で、二〇〇八年に英フォードからジャガーとランドローバーを買収している。低価格車・商用車と高級車のみという、いびつな製品ポートフォリオを持つことになるこの買収に関しては疑問の声もあるものの、一朝一夕には築くことのできない高級ブランドを獲得したことはタタの今後の事業展開にとって非常に大きい。

ここで触れた企業以外でも、M&Aを成長のドライバーとして活用している新興国企業は少なくない。新興国企業は積極的なM&Aによって爆発的な成長を実現している。

M&Aのタイプ

ここまで海外企業のM&A事例について見てきたが、ここでM&Aのタイプについて考えてみたい。

M&Aのタイプには図4-1に示すように、大きく分けて規模獲得型と能力獲得型の二つある。

一つは、「規模獲得型M&A」だ。日本でも金融・製薬・鉄鋼業界などで数多く行われている。基本的には同じ事業を行っている企業同士の買収であり、需要が成熟した業界の供給抑制としての意味合いが強い。日本の市場が成熟しているため、日本企業のM&Aには、このタイプのものが非常に多い。

二つめが、「能力獲得型M&A」だ。この買収は、地域展開のための流通チャネルの獲得、製品・技術やブランドの獲得といった既存事業の強化を目的としている。先進国・新興国のM&A事例として先述したものは、この能力獲得型買収にあたる。

次には、それぞれのタイプについて特徴を説明したい。

規模獲得型M&A

一般的にこのタイプのM&Aは買収規模が大きい。手っ取り早く規模拡大が図れるのが最大の特徴である。

また、工場や営業拠点の統廃合、遊休資産の処分、スケールを活かした間接業務の効率化などによるコスト削減効果もメリットとして大きい。会社の規模拡大に伴い、サプライヤーに対してより低価格を要求できるようになったり、顧客に対してより高い価格を提示できるようになったりすることもある。

また、同業の買収であるために、業界知識が豊富でありコスト削減やリストラなどがイメージしやすい。買収先の経営陣をよく知っていることもメリットの一つであろう。

しかし、このタイプのM&Aが成功する確率はさまざまな調査から、結果としてはせいぜい

図4-1　規模獲得型M&Aと能力獲得型M&A

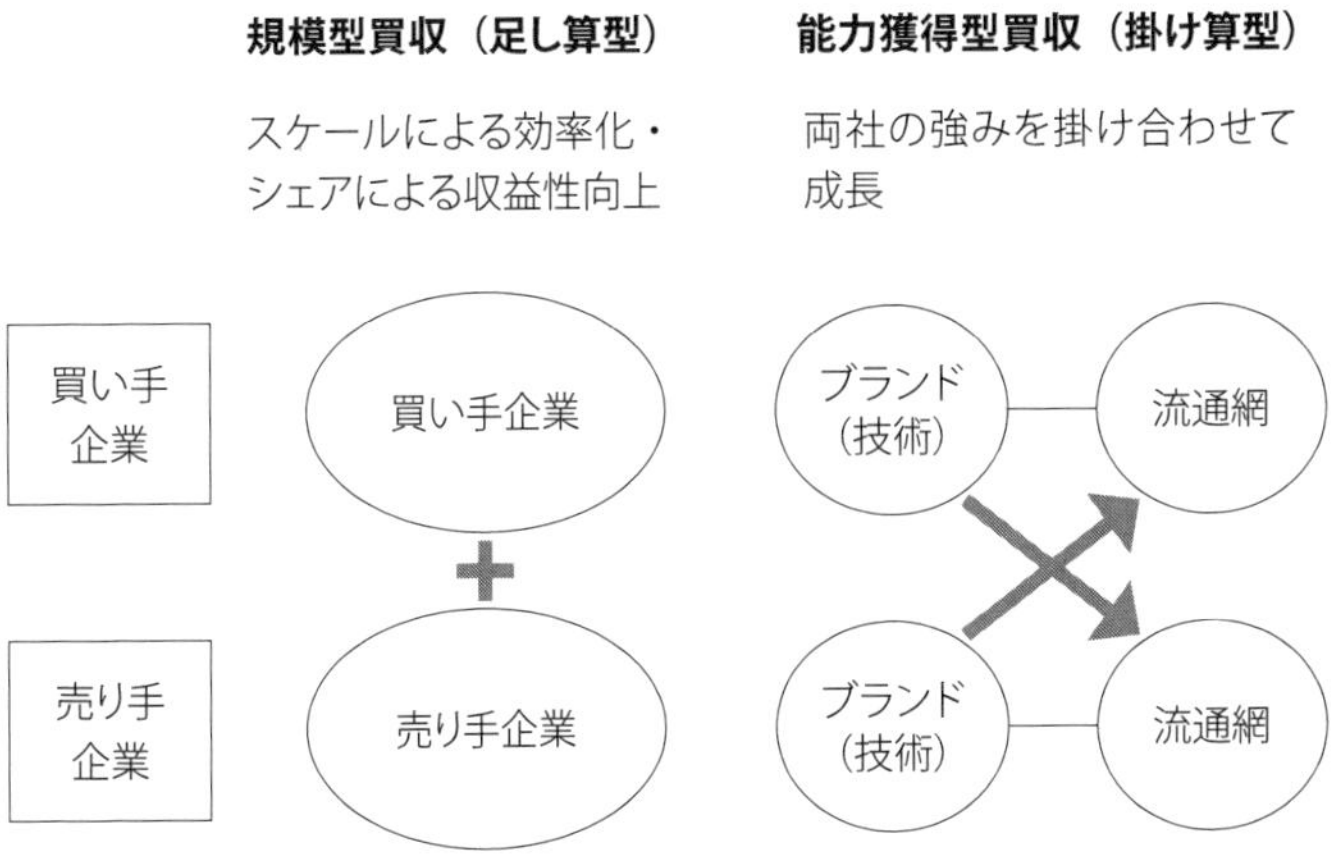

出所：アクセンチュア

三割程度と言われる。はっきり言ってしまえば、失敗する確率が高い。買収を行う際には、どの企業でもさまざまな調査を行い、統合効果を試算し、キャッシュフローから買収妥当金額を割り出し、「失敗」しないような準備を進める。にもかかわらず、なぜ失敗するのだろうか。

原因の一つは、期待効果の読みが甘いことである。このタイプのM＆Aは社長の肝煎りであることが多く、買収担当者としては破談にしたくないという心理が働く。そのため、どうしても期待効果を価格に合わせに行ってしまい、結果的に期待効果を大きめに算出することになる。

買収を行うときには、平均するとその時点の市場価格の三割程度のプレミアムを払う。投資に対するリターンの考え方は各社異なるものの、プレミアムに合うように効果を上乗せしていってしまう場合が多い。有名な話だが、一九九八年に実施されたダイムラーとクライスラーの合併時の買収価格算定の際、車種が余りに異なりすぎていて実際には部品共通化は不可能だったにもかかわらず、部品共通化の効果として多くの数値が上乗せされていたという。

原因の二つめは「統合」の難しさである。業界内の水平統合は、統合先が元「ライバル企業」である場合が多く、統合中に「政治闘争」になりやすい。特に、規模が同じような企業の場合にその傾向が強い。こうした場合には、統合作業が長期化しやすく、作業量が膨大になり、外部コンサルタントなどのコストも大きく膨らむ。また、統合後の主導権争いや、それに伴う社員のモチベーション低下が発生するのも問題である。先ほど挙げたダイムラーとクライスラーの合併においても、事実上買収されたクライスラーでは幹部社員の退社が相次ぎ、一般社員の士気低下を食い止めるのに時間がかかった。この合併は、水平統合によるシナジーが十分に創出されないまま、二〇〇七年には投資ファンドのサーベラスに売却されている。

また、このタイプのM&Aにおけるリストラは人員カットを伴うことが多いため、日本で行う場合のハードルは高くなる。会社側は高価な退職奨励金を負担する必要もあり、コスト高となるのもデメリットだ。

このように、規模獲得型M&Aは多額の投資と労力を投入する割には成功する確率が低く、慎重に行うべき投資である。とはいえ、規模獲得型M&Aには意味がないと言っているわけではもちろんない。グローバル競争の激化を睨み、次のグローバル展開に向けた「基礎体力作り」としての統合を行う場合、一気に規模を拡大できるこのタイプのM&Aの意義は大きい。

たとえば製薬業界では、規模追求を目的とした、文字通り世界規模のM&Aが二〇〇〇年前後から次々に実施されてきた。企業規模の拡大により、膨張する研究開発投資や規制対応コストを吸収するためである。ゲノム創薬や抗体医療などの新しい技術の出現とともに、一つの新薬を開発するのに必要な研究開発投資はますます巨大化している。一方で、新薬が出る確率は低下の一途を辿っているため、研究開発費は企業にとってますます大きな負担となっている。また、薬に対する安全性への関心・要求の高まりを受け、規制対応へのインフラ整備などのコストも急増している。

こうした環境変化を背景に、欧米ではM&Aを経て巨大な製薬企業が誕生している。米国のファイザーやフランスのサノフィ・アベンティス、英国のグラクソ・スミスクラインなどである。日本でも藤沢薬品と山之内製薬が合併したアステラス製薬、第一製薬と三共が合併した第一三共といった企業が相次いで生まれている。第一三共を例に取ると、新興国に強いインドのジェネリック医薬品大手ランバクシーの買収を二〇〇八年一一月に完了しているが、そのための「基礎体力作り」という位置づけで、三共との規模獲得型合併を行ったと考えられる。

能力獲得型M＆A

M＆Aによって成長した海外企業の事例には、この能力獲得型M＆Aが多い。先述の海外企業のM＆A事例は基本的にこのタイプのM＆Aである。

能力獲得型M＆Aは、自社が保有していない、あるいは弱い機能の獲得や補強を目的としている。獲得する機能としては、技術やノウハウ、製品ブランド、地域展開の際の流通チャネルや営業ネットワーク、製造拠点などがある。自社の販路で買収先企業の製品を販売したり、逆に、自社の製品を買収先企業の流通チャネルを使って販売したりするのもこのタイプに当たる。

このタイプのM＆Aは比較的少額の案件が多い。海外の販路拡大の場合には巨大な案件になることもあるが、製品や技術の獲得の場合にはそれほど大きな金額にはならない。この場合、手っ取り早い規模の拡大は望めないが、「掛け算」の効果をねらうことができる。つまり、買収先企業の強みと自社の強みを「掛け算」して、買収先企業の価値を何倍にも増やすと同時に自社も成長するモデルだ。

「掛け算」のイメージを理解していただくために、アクセンチュアの例を用いて説明したい。

アクセンチュアでは、二〇〇三年に英国のマーケティング・サイエンスという小規模なコンサルティング会社を買収した。同社は、広告宣伝や営業マンなどの営業・マーケティング投資を最大化するためのノウハウとシステムに独自の強みを持っており、当時の人員数は数十名程度、その営業エリアはほぼ英国内にとどまっていた。

アクセンチュアは、マーケティング・サイエンス社のコンサルティングサービスを、アクセンチュアの持つグローバル顧客ネットワークを通じて世界中のクライアントに提供した。これによって、マーケティング・サイエンスの売上、利益はともに十倍を超えるまでに成長した。マーケティング・サイエンス社の「製品・サービス」と、アクセンチュアの持つ「顧客ネットワーク」を「掛け算」して、企業価値を増大させた事例であると言える。

能力獲得型M&Aの三つのパターン

能力獲得型M&Aには三つのパターンがある。

パターン一は、グローバルや広い範囲での販路を持つ企業が、比較的ローカルな製品や技術を持つ企業を買収するケース。買収先企業の製品や技術を自社の販路に乗せて、他の地域、さらには世界中に届けることで大きな成長が期待できる。

パターン二は、製品力や技術力に強みを持つ企業が、未開拓地域での流通ネットワークを持つ企業を買収するケース。かつては販路のなかったエリアへのアクセスを確保し、そこで自社製品を展開することができる。

パターン三は、製品力や販売力に強みを持つ企業が生産拠点の獲得をねらったものだ。製品力・販売力はあるのに、生産力がボトルネックになって思い通りの成長ができないという企業はこのパターンのM&Aを行う。

能力獲得型M&Aは、自社の強みを「てこ」にして買収先企業の売上・利益を何倍にもすること（もしくはその逆）をねらうものであり、投資の規模は比較的小さく、リスクは低い。M&Aの成功事例を見ると、このタイプのM&Aが非常に多い。企業経営者の方に実施していただきたいのは、この「掛け算」のM&Aである。

ただ、「掛け算」のM&Aはどの企業にも可能なものではない。「自社の強み×買収先企業の強み」が掛け算のメカニズムであるため、何らかの点においてグローバルトップレベルの強みを持っている企業である必要がある。「強み」のない企業には「掛け算」のM&Aができないのだ。

能力獲得型M&A成功の六つのポイント

ここからは、能力獲得型M&Aの成功のコツを、次の六つのポイントにまとめて説明したい。

- 経営者のコミットメント
- 中長期的に考える
- いい会社を見つける
- 最初に最後まで見通す
- 「逆張りの発想」で投資する
- 「統合」ではなく「つなぐ」

❶経営者のコミットメント

M&Aの成功にもっとも重要なものは経営者のコミットメントである。M&Aは経営者のものであり、決して「M&Aの専門家」のものではない。経営者が買収案件の重要性を心から信じ、社員を巻き込むと同時に、全プロセスに深く関与する必要がある。「M&Aは複雑で専門的な知識が必要だから」と専門家に頼りきるなどもってのほかである。

M&Aにあたって、経営者は三つの点でリーダーシップを発揮しなければならない。一つめは、M&Aに対する社内コンセンサスを得ること。二つめは、デューデリジェンス・企業価値算定・統合作業を、責任を持って遂行すること。三つめは、フェアな制度・雰囲気を作った上で、意思決定を行うこと。統合作業には困難や混乱を伴うが、社長が強いコミットメントを表明して従業員に文句を言わせず、皆で困難を乗り切ろうという雰囲気を社内で醸成することが重要だ。

経営者のスタイルはそれぞれ異なっていて当然だが、M&Aを絶対にやり遂げるという使命感と熱意を持ち、それを全社的な経営課題として掲げるのは共通して必要な姿勢であろう。

その際に重要なことは、部門に言い訳を与えないこと。そして、「自前でやっていける」とか「本業を逸脱している」、「値段が高い」、「海外でのM&Aは難しい」といった社内外の反対者を説得し、納得させることである。こうした役割を担えるのはトップだけである。

社長が強いリーダーシップを示すことによりM&Aを成功させてきた日本電産の例で具体的に説明したい。

日本電産の永守重信社長は、これまで二〇以上のM&Aを実行してきた。永守氏は拡大したい事業領域を「中・大型モーター」「制御回路・ソフト」「半導体」の三つに定めており、その成長戦略を実現するために必要な要素技術を持つ企業のリストアップをつねに行っている。そのために、永守氏は『四季報』を肌身離さず持ち歩き、M&Aの候補先企業を自ら洗い出しているという。

日本において、M&Aの実行まで深く関わる経営トップはほとんどいない。買収や合併の契約締結まで、あるいは統合計画の策定までは熱心に関わっても、実行フェーズになると部下に丸投げする経営者が多いのが実情である。

永守氏のやり方はまったく違う。M&Aを経営戦略の最重要課題と認識し、候補探しから実際の統合作業まで一気通貫で関与する。候補企業リストを作成し、その企業の経営者に何度でもアプローチする。先方の経営陣や社員の納得が得られるまでじっくり待ち、感情を無視した買収はしない。買収完了後には、買収先企業に週に数日は直接出向き、自ら経営を指導する。M&Aの戦略から統合実行まで、経営者はその全責任を負う存在なのである。永守氏のやり方は、そのことを体現する形の一つとして心に留めおくべきであろう。

❷中長期的に考える

一般的にM&Aは「受け身」のケースが多い。ここで言っている「受け身」とは、投資銀行や証券会社が持ち込んだ案件の検討に留まるということだ。先方から持ち込まれた案件に対して投資の可否を検討するのだから、いきおい、M&Aを「点」でとらえがちになり、事業や会社の成長を中長期的にとらえる視点に欠けてしまうことも多い。

中長期的な視点でM&Aを行うためには、先に挙げた日本電産の永守社長が実行しているように、自社の成長戦略を実現するのに必要な候補企業を能動的に発掘する必要がある。「絶対に結婚したい」と思っても、その相手が首を縦に振ってくれるとは限らないので、条件に当てはまる企業をできるだけ多くリストアップしておくことも重要だ。リストに複数の企業がつねに載っていれば、M&A戦略をより加速することができる。

M&Aは小さく成長するためではなく、次の事業の柱を作るという意気込みで行うべきものである。しかし、「ローマは一日にしてならず」の言葉通り、一回の買収で中長期的な成長ビジョンを達成することは難しい。五～一〇年程度で、地域や製品事業をどのように展開し、「点」から「線」、

「線」から「面」へと育てていくのか、M&Aを活用した成長戦略を立案する必要がある。そのためにも中長期的な視点でM&Aを考えることは重要である。

中長期的に考えることのメリットは他にも三つほどある。

一つめは、買収する企業を幾つか組み合わせることによって付加価値を高め、企業価値の向上を図ることができる点である。組み合わせの努力や工夫は必要になるものの、投資対効果は飛躍的に上がる。

ある日本の加工食品メーカーを例に取って説明しよう。仮にA社とする。A社は、欧米への進出を目的として、当初、欧米の大手加工食品メーカーの買収を新たに検討していた。主には自社製品の販路獲得のためである。しかし、A社が最終的に取った策は、大手加工食品メーカーの買収ではなく、製品はニッチながらも高いシェアで欧州と米国の量販店チャネルを押さえている食品メーカー二社の買収と、その二社の製品と親和性の強い、ユニークな製品ブランドを持つ企業の複数の買収を組み合わせて実施する、というものだった（つまり、前二社の買収は流通チャネル獲得が目的だったということである）。その上で、流通チャネル目的で買収した二社の営業マンを増強して、販路の充実を図り、獲得した製品ブランドの流通に努め、大きく成長することができた。

投資対効果の面から見ると、欧米の大手加工食品メーカーの買収は五〇〇〇億円程度もかかり、かつ、多くの製品は日本ですでに販売しているために、価値向上が難しかった。しかし、企業を組み合わせて買収を行った場合、総額一〇〇〇億円程度の買収で、欧米の販路と日本でも販売可能な製品を獲得することができた。

二つめのメリットは、M&Aは経験を積むことによって成功確率が向上することだ。先述したようにM&Aは一般的に二〜三割しか成功しない。M&Aの成功確率を上げるには、小さな案件から取り組み、大きなものへと進化してM&Aの経験値を蓄えることだ。M&Aでは、経験しないと予測できないようなことが頻繁に起こる。日本でも日本電産やJTなどのM&Aをうまく成長に取り入れている企業は、比較的難度の低い小さい案件で経験を蓄積してより難度の高い大型案件やクロスボーダー案件を行うことにより、失敗リスクを小さくしている。

三つめのメリットは、M&Aに対する社内承認が得られやすくなることだ。M&Aを検討している企業やM&Aを実行するための専門組織を持っている企業はそれなりにあるのに、実際にM&Aを行っている企業が限られているのは、実は社内承認の得づらさが原因にある。最大の障壁の一つと言ってもよい。

たとえば、小さな企業の買収を検討の俎上に上げると「そんなのは小さすぎて意味がない」、逆に大きな企業の買収に対しては「リスクが高すぎる」などと言われ反対に遭う、といったことが実際に起きている。どんな企業を候補としても、社内での議論の段階で「帯に短し襷《たすき》に長し」の状態となり、先に進まなくなってしまうのだ。

こうした反対意見が出てくるのは、M&Aを「点」で考えてしまっているからである。しかし、M&Aを活用した中長期的な成長シナリオの中で、初期の小さい案件を将来のための布石として説明することができれば、社内でもコンセンサスを得やすい。

三共と第一製薬の統合において、両社の統合を「点」としてとらえれば、日本企業にありがちな「規模追求型」の伝統的な買収と見なされ、反対意見が出て成立しなかったかもしれない。しかし、グローバルに対応できる「基礎体力」の確保が両社の統合の目的であるとし、今回のランバクシー買収を含めた大きな成長シナリオの中の第一ステップとして検討することにより、社内承認を得ることができたのだと考えられる。

❸「いい会社」を見つける

能力獲得型M&Aにおいて、買収対象になるのは「いい会社」であり、決して「割安の会社」ではない。たしかに、金融投資家によるM&Aや業界再編型M&Aは、企業の財務体質や収益性改善によって利益を得ようとするため、「割安」であることは極めて重要だ。しかし、能力獲得型M&Aにおいては「安さ」は必須条件ではない。

図4-2を見ると、二〇〇八年の大型案件である武田のミレニアム・ファーマシューティカルズ買収や東京海上HDのフィラデルフィア・コンソリデイティッド買収には七〇%以上、第一三共のランバクシー・ラボラトリーズやTDKのエプコス買収も五〇%以上のプレミアムを払っていることがわかる。武田薬品のミレニアム買収にいたっては、売上が五三〇億円程度の企業を約九〇〇〇億円で買収するという勇気ある決断をしている。もちろん、高値づかみのリスクには注意

すべきだが、「割安」にこだわることで「いい会社」を逃してはならない。

また、多極化世界においては「いい会社」の見つかる可能性は世界中のいたるところにある。最近の海外の大規模M&Aの例を見ても、被買収企業の国籍は多岐にわたる。たとえば、第一三共が買収したランバクシーはインドの企業、TDKが買収したエプコスはドイツ、丸紅が買収した銅生産大手のアントファガスタはチリの企業である。大塚製薬が出資したアルマはフランスの飲料大手メーカーであり、三菱商事はニューホープと

図4-2　M&Aにおける買収プレミアム

最近の主な in-out 案件

買収者（コード）	対象企業（上場市場）	発表日（月/日/年）	買収額（億円）	プレミアム（%）
武田（4502）	ミレニアム・ファーマシューティカルズ（米ナスダック）	04/10/08	8998	71
東京海上 HD（8766）	フィラデルフィア・コンソリデイテッド（米ナスダック）	07/23/08	4987	70
塩野義（4507）	サイエル・ファーマ（米ナスダック）	09/01/08	1500	58
第一三共（4568）	ランバクシーラボラトリーズ（印ムンバイ）	06/11/08	3706	53
TDK（6762）	エプコス（独フランクフルト）	07/31/08	2000	52
エーザイ（4523）	MGI ファーマ（米ナスダック）	12/10/07	4100	37
リコー（7752）	アイコンオフィスソリューションズ（米ニューヨーク）	08/27/08	1721	34

出所：日経ヴェリタス 2008/9/14

いうオーストラリアの石炭開発の会社から新原料炭プロジェクトの権益を取得している。いい会社を探すときには、いったん視野を世界中に広げることが有益であることが分かるだろう。

「いい会社」であるかどうかの判断基準は何だろうか？

私は「いい会社」の要素は三つあると考えている。

一つめは、そもそもの大前提であるが、自社戦略と適合していることである。自社の成長戦略に合致する機能や技術に欠けていたら、自社にとって「いい会社」と判断することはできない。

二つめは、成長力があることと継続的な利益を出していることである。その会社の持つトータルな能力は最終的には業績に表れるし、情報量の限られるＭ＆Ａにおいては分かりやすい指標だ。

三つめに注目すべきは、企業の基礎力である。ここで言う基礎力とは経営陣や組織・人材の質と、経営管理システムや経営理念である。すぐれた明確な経営理念を

図4-3　アクセンチュアによる好業績企業の判断基準

出所：アクセンチュア ハイパフォーマンスビジネス研究

持っているだけではなく、それが各部門、一人ひとりの従業員にどれだけ浸透しているかなどがポイントだ。

特に、成長力と継続的に利益を出している点への着目は、金融投資家による買収や業界再編型M&Aの視点とは大きな違いであると考えている。彼らにとっては、企業の「改善余地」が必要であるからである。「いい会社」には「改善余地」が少なく、「企業価値」の上げ幅が限定的だからだ。企業投資家の場合には、買収企業の「改善」をして企業価値を上げることが主目的でないので、PER、PBR、EBITDA倍率などの企業の割安度、割高度を示す指標を判断軸として買収先企業を選定することはない。

ちなみに、アクセンチュアではハイパフォーマンス企業を図4-3に示す五点で評価している。これら三つの要素を併せ持つ企業は、「いい会社」であるとともに「尊敬できる会社」であるとも言える。したがって、M&A後の統合も必要最低限の統合でよく、統合による負荷も時間も節約できる。また、グローバル経営に必要な人材を獲得できる可能性が大きいのもメリットの一つとして挙げられよう。

❹最初に最後まで見通す

統合は長い道のりだ。ここで、M&Aの「最初から最後まで」を概観しておきたい。M&Aのステップは M&Aの「戦略立案」「実行」「統合」の大きく三つに分けることができる(図4-4)。

Ｍ＆Ａの検討段階で、統合後の組織や業務を具体的にイメージし、業績予測をしていける企業は強い。こうした能力は経験の中で習得するものだが、Ｍ＆Ａ経験の浅い企業であっても、買収後のイメージを具体化する努力は重要だ。Ｍ＆Ａの入り口で最後までを見通すことができれば、統合後のシナジーの定量化が可能になり、適切な買収価格の算定にも役立つ。

ＪＴがＲＪＲナビスコの海外タバコ部門を買収した際には、ＪＴの経営陣は、買収先の経営陣の布陣、経営方針、向こう五年間の工程表などを事前に構想し、それに基づいた施策を想定した上で買収のシナジーを定量化し、買収価格を決定している。

ＪＴの経営陣は「ＧＦＢのブランド価値を伸ばす」「中核市場への集中」「品質管理」「コスト構造の改善」の四つを買収後の経営方針として想定している。それぞれに対する具体的な施策としては、次のようなものがある。

図4-4　M&Aのステップ

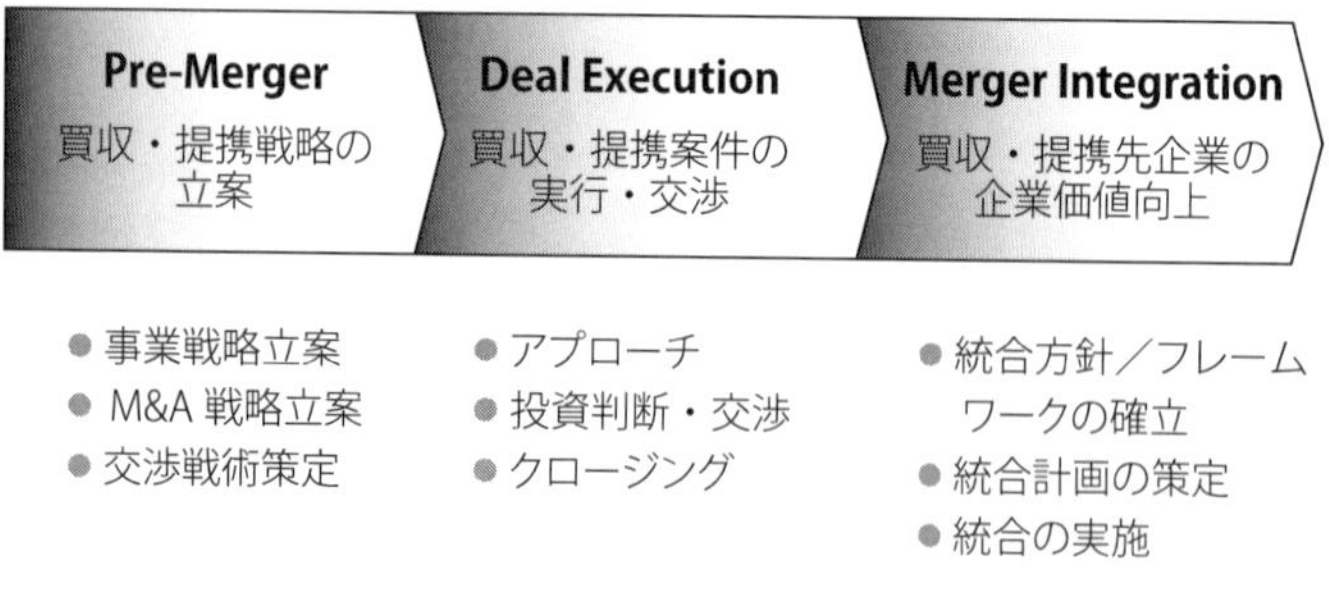

出所：アクセンチュア

● GFBのブランド価値を伸ばすために、パッケージデザインや味、原料に統一感を持たせ、販促費を投じる
● 中核市場への集中は、マーケットボリュームとマーケット成長率、JTのプレゼンスとシェアを勘案した上で、各マーケットに優先順位をつけて投資をしていく
● 品質管理に関しては、日本人を海外の工場に行かせ、5S運動(整理、整頓、清掃、清潔、しつけ)をはじめとした日本式の改善提案運動を取り入れる
● コスト構造の改善に関しては、不要な工場を閉鎖し、赤字の市場から撤退する

こうした施策が必要となることを予め見通していることがJTの強さである。

また、将来の見通しをできるだけ確かなものにするためには、買収における明確な〝勝ちパターン〟を確立していることも重要である。

日本電産が好例だろう。同社の勝ちパターンはM&Aによって要素技術を取り入れて製品を高度化し、その製品を自社のプラットフォームに載せて一気にシェアを獲得するというものである。日本電産のプラットフォームには顧客ネットワークや顧客への提案営業力、短納期対応力までもが含まれる。

日本電産は、徹底的な経費削減や6S活動(整理、整頓、清掃、清潔、作法、しつけ)の実践に代表される統合後のコスト削減の取り組みにも勝ちパターンを持っており、このことも先を見通すために

大きな役割を果たしていると言えるだろう。永守重信社長が買収先企業の名刺購入費用を聞いて、その企業全体のコスト削減余地を推測するというのは有名な話である。

M&A巧者として知られるGEもまた、M&Aの勝ちパターンを持つ企業の一つである。GEの場合は、世界的に定評のある財務力や人材育成能力、世界市場への展開力といった経営プラットフォームを最大限に活用し、これを買収先企業に移植している。GEがねらっているのは、経営プラットフォームの移植による「掛け算」の効果であるが、同時に、プラットフォームによって必要な施策や人員が明らかになり、将来の見通しをも明確にすることができるのである。このことによって、GEは本業の隣接分野だけでなく、本業とはかけ離れた事業への進出でも次々に成功を収めている。

さらに言えば、GEはM&Aにおける成功を確実なものとするために、二〇〇人を超える人員から構成されるM&A戦略を遂行するための専門部隊「BD(Business Development)チーム」を持っている。BDチームが発掘した案件は、Qチームがクオリティを審査し、Aチームが実効性を見極めている。M&Aの経験を豊富に持つ彼らが、「最後まで見通す」ことに長けているのは言うまでもないだろう。こうした仕組みを持つことにより、M&Aをスピーディに展開することができるのもGEの強みとなっている。

❺「逆張りの発想」で投資する

実は、日本企業は企業買収、特に海外企業の買収において高値づかみを行っている。代表的なものが、日本が不動産バブルに沸いていた一九八〇年代後半に行われた買収である。この時期には、ソニーによるコロンビア・ピクチャーズ買収、松下電器産業によるMCA買収などの大型買収が相次いだ。三菱地所によるロックフェラーセンター買収のような不動産投資も多かった。西武セゾングループは米インターコンチネンタル・ホテルを、青木建設は米ウェスティン・ホテルズを買収している。その他にも、米国大都市の有名ビル、有名ゴルフ場などをこぞって購入した企業も多い。ちなみに、青木建設は後に膨らんだ有利子負債が重荷になり、二〇〇一年に破綻している。

高値づかみはITバブル期にも見られた。NTTグループによるクロスボーダーのM&Aはその代表的な例だろう。NTTコミュニケーションズは二〇〇〇年に米ベリオを買収したが、その後五〇〇〇億円強の減損処理を迫られた。NTTドコモは米AT&TワイヤレスやオランダのKPNなど、ITバブル期の負の遺産処理に一兆円以上を投じている。同様に、古河電気工業は米ルーセント・テクノロジーズの光ファイバー部門を買収しているが、ITバブル崩壊によって二〇〇〇億円近くの減損処理を行った。

一般に、「買いたい」と思っている人は、売り物が少なくなると不安になる。そして、「少し高いかもしれない」と感じながら買い焦る。同業のライバル企業が大きなM&Aを発表したりすると、なおさらだ。「負けてはならじ」と、経営者はついつい前のめりになってしまう。過去のM&Aブームは、そんな経営者の心理をエネルギー源にして膨らんできた。

M&Aブームの時期は慎重に、M&Aが低迷している時期には大胆に――。勇気の要ることだが、経営者にはそんな「逆張りの発想」が求められる。

数々の買収を成功に導いた日本電産の永守重信社長は、そんな発想の持ち主である。「不況こそ成長のチャンス」という逆張りの発想で、同社は多くの企業を安値で買っている。高値なら無理して買わない。二〇〇七年から二〇〇八年にかけてのM&Aブームの時期、永守氏は冷静にM&A市場の状況を見ていた。そして、日本では企業とファンドが競合して割高な状態になっていると判断し、もっぱら海外の投資先を探していたという。

M&Aブームの時期には、割安な案件が比較的多い地域を探すのも一つの方法だが、進出したい海外市場でも同じようなブームが起きている可能性はある。そこで、キャッシュを積み上げることに専念するという手堅い打ち手もありうるだろう。そのキャッシュをもとに、M&Aブームが過ぎた後に勝負するのである。

M&A慣れしていない企業が、高値で買ってしまったり統合に手間取ってしまったりすることはよくあることで、ある程度はやむをえないとも言える。問題は、そうした失敗を経験することにより、「M&Aはもうこりごり」という雰囲気が社内に広がってしまうことだ。チャレンジに失敗はつきものだし、社員はその中で何かしら学んでいるはずだ。せっかく学んだものを活かせないとしたら、いかにももったいない。失敗を〝授業料〟と割り切り、そこで得た有形無形のものを次の成長に活かす頑強さも、「逆張りの発想」と共に、経営者には求められている。

❻「統合」ではなく「つなぐ」

「能力獲得型M&A」において、もっとも重要なことは統合のスピードアップだ。統合のスピードアップをすることにより、早期に統合効果が得られることは当然であるが、それ以上に大きな効果は、スピーディに統合を行うことで、次に計画している買収案件を進められるようになることである。ある食品メーカーではM&Aの専任組織を持ち、買収を数社行ったものの、専任組織のメンバーが統合業務に追われ、計画通りに買収を進められない状況に陥っている。

スピーディな統合を行うためには、経営プラットフォームを構築することが重要だ。それは被買収企業がプラグインすればグループ会社としてすぐに機能できるものようにするものだ。GEがこの経営プラットフォームを活用して、効率的なM&Aを次々に進めてきたのは先述のとおりである。被買収企業の業務と自社業務をすり合わせ「統合」を図るのではなく、文字通り「つなぐ」のが経営プラットフォームの役割である。

では、経営プラットフォームはどのような機能を持つべきだろうか?

「掛け算」の効果を生む「能力獲得型M&A」では、できるだけ買収先企業の「自立性」に任せ、彼らの強みを活かしてやることが重要である。とはいえ、任せっ放しにせよということではもちろんなく、業績動向やリスクを可視化できる仕組みは必須である。その仕組みにより、買収先企業の業績目標未達やリスク違反へのすばやい介入が可能になる。

特に、「掛け算」のM&Aでは、海外企業や仕事のタイプの異なる人が自社グループに参画するため、想定しないリスクも発生する。リスクというと財務的なリスクを想像されるかもしれないが、この場合に高まってくるのはコンプライアンスリスクである。そのため、企業内の全グループが共有する経営理念や価値観の共有と、それを具体的な行動レベルに落としたコンプライアンストレーニングなどの共有が必要になってくる。コンプライアンス違反が生じていないかをチェックする仕組みも、同様に必要となってくる。

コンプライアンスリスクに関して、徹底的な管理を行っている企業としては、ジョンソン・エンド・ジョンソンが有名である。ジョンソン・エンド・ジョンソンでは、「クレド（我が信条）」と呼ばれる経営理念を徹底的に社員に植え付けることにより、コンプライアンスリスクを未然に防いでいる。具体的には、社内にクレドを浸透させるための業務を行う「クレド・オフィス」という部署を設け、「CCO（チーフ・クレド・オフィサー）」と呼ばれる責任者のもと、社員へのクレドの浸透度を測るクレド・サーベイや、クレド研修を定期的に行っている。クレドを浸透させるための活動は、買収した企業や合弁で設立した企業に対しても徹底的に行われており、経営プラットフォームの一つの要素を体現しているといえよう。

このようなリスク管理のほか、バックオフィスの効率化も経営プラットフォームの機能となることがある。特に、小さな企業の場合、各国に展開するにはバックオフィスのコストが相対的に大きくなるため、グループとしてシェアードサービス化したバックオフィスを持つことで、大幅な効率化が見込めるためである。シェアードサービス化されたバックオフィスが、各国・各企業の業務を「つなぐ」のだと言える。

なお、グローバル先進企業の経営プラットフォームは「効率性」「スピード」を追求したものから、さらに次のステージに向かっている。「効果」を求めるステージだ。被買収企業の優秀な人材やイノベーションをグローバル・レベルで可視化して、グループ内で共有化することにより、獲得した人材やイノベーションを活用しようとしているのである。「能力獲得型M＆A」においては、製品・技術や販売力などの資産に加え、それに紐づく有能な人材の流出防止や活用がとりわけ重要であるためだ。これもまた、「つなぐ」形の一つであると言えるかもしれない。

世界的な業界再編に乗り遅れた日本企業——製薬業界はどう対応したか

一九九〇年代以降、さまざまな産業において世界的な業界再編が繰り返されてきた。業界の勢力図を塗り替えるような巨大合併だけではない。中小規模の「手ごろ」な会社は次々に欧米や新興国のグローバル企業に買収され、今では「買収したくてもいい会社が見つからない」ケースが増えている。世界的な〝囲い込み競争〟は後半戦に突入しているのである。

一九八七年から一九八九年の第一の波の後、バブル崩壊で日本全体が不景気になってしまったため、日本企業は九〇年代以降、「内向き」の体質改善に追われざるを得なかった。そのため、この競争の前半戦をほとんど戦うことができず、世界的な業界再編の潮流に乗り遅れた。

製薬業界を例にとって説明しよう。日本の製薬業界でM＆Aが活発化したのは二〇〇一年以降のことである。二〇〇一年に三菱東京製薬とウェルファイドが合併して三菱ウェルファーマが誕生。同年にはドイツのベーリンガー・インゲルハイムによるエスエス製薬の子会社化が行われた。二〇〇五年には、山之内製薬と藤沢薬品が合併してアステラス製薬となり、三共と第一製薬が持株会社、第一三共を設立するという大型案件が立て続けに起こった。

しかし、こうした日本の製薬業界再編の動きは、世界的な視野から見れば周回遅れと言われている。欧米の大手製薬会社は、すでに九〇年代半ばから大型合併を繰り返してきたためだ。たとえば、一九九五年に英国のグラクソがウエルカムを買収してグラクソ・ウエルカムとなり、さらに二〇〇〇年にはスミスクラインとの合併によって当時世界第一位のグラクソ・スミスクラインが誕生した。その次に世界一位になったのは、米国のファイザーである。ファイザーは二〇〇〇年に敵対的買収でワーナー・ランバートを獲得し、二〇〇三年にはファルマシアを買収している。

欧米の巨大製薬メーカーによる「業界再編」は成功したと言えるのだろうか。これらの大型M＆Aの背景には、ゲノム創薬などの新しい技術に伴い研究開発費が巨大化しているにもかかわらず、新薬が出てこないという事情がある。規模拡大による研究開発費用負担の軽減と、各社がそれぞれ持つ新薬候補の獲得がねらいだ。しかし、これらの大型合併はあまりに重複部分が大きい、「足し算」の統合であるというのが実態だ。そのため、膨大なコストと期間をかけて統合しても、期待したシナジーを出せないで苦労している。売上世界一位の米ファイザーは二〇〇六年度から二〇〇七年度にかけて、大型新薬の特許切れやリストラ費計上の影響で、売上は約四八四億ドルの横ばい、経常利益率は二七％から一九％に下がってしまっている。

　では、日本の製薬メーカーが今後、巻き返しを図ることは可能だろうか。もちろん、それは可能である。日本の大手製薬メーカーは着々と戦略的に買収に動いている。最大手の武田薬品工業は、二〇〇八年のＴＡＰ社の統合により、世界の医療用医薬品シェアの四〇％を占める米国での販売・開発機能を強化した。さらには同年、がん領域でトップ三という目標を達成するために、米ミレニアム・ファーマシューティカルズ（買収金額八八億ドル）を買収した。第一三共も同年、抗体医薬に強い独バイオベンチャーＵ３買収で手薄のがん領域を強化するとともに、グローバルの販売ネットワークを獲得するためにインドのジェネリック大手ランバクシー・ラボラトリーズ（同二〇〇〇億ルピー、約四六〇〇億円）の買収を発表している。エーザイは二〇〇八年にＭＧＩファーマの買収を完了している（同三九億ドル）。武田とエーザイの行ったバイオ企業の買収は開発品目に焦点を絞った買収であり、「高すぎる」という批判もあるが、「掛け算」効果を期待したものと言えるだろう。

　海外製薬メーカーは、規模拡大を目的とした大型統合の効果実現に向けて苦労している。その一方で、日本の製薬メーカーは、日本企業同士での合併によりグローバルで戦える規模（武田が一六位、アステラスが二〇位、第一三共が二二位）を獲得し、その後、「掛け算」のＭ＆Ａで巻き返しを図ろうとしている最中である。製薬業界で起きていることは、まさに世界的な業界再編の遅れを逆手にとった戦略と言える。

日本企業は今こそ「掛け算」のM&Aで巻き返せ

日本企業が世界的な再編に出遅れた業界は製薬業界以外にも多い。しかしこれは、日本の製薬メーカーのように「出遅れ」を逆手に取って、統合効果の実現に苦しむ海外企業を尻目に「掛け算」のM&Aで「逆転」をねらう絶好のチャンスである。

幸い、そのための条件は揃ってきている。一つは九〇年代前半にマイナスだった日本企業のフリーキャッシュフローは九〇年代後半に増えはじめ、二〇〇〇年前後からかなり潤沢になっていることだ。ここ数年は投資の増加によってやや低下傾向が見られるものの、依然として高い水準を維持している。

二つめは、サブプライム問題を契機に世界的に株式相場の低迷が続いていることだ。M&Aブームの時期の買収は要注意であるが、幸いなことに、この先数年間は、世界のM&A市場は比較的落ち着いた動きを見せるものと予測されている。

一方、日本企業ものんびりしてはいられない。

というのは、これまで、日本企業にとってM&Aの競争相手は別の日本企業か、もしくは欧米企業だった。しかし、今回の不況のような一時的な落ち込みはあるにせよ、中長期的に見れば、新興国企業が世界のM&A市場での重要なプレイヤーとして再度浮上する大競争時代となることは間違いないだろう。

　着実にキャッシュを蓄えている新興国の巨大企業は、世界中にアンテナを張り巡らして買収対象企業を探している。また、産油国やシンガポールなどの国々は政府系ファンドを通じて、サブプライム問題で傷ついた先進国の金融機関や企業に積極的な投資を続けている。図4－5に示したように、政府系ファンドの成長スピードは非常に速い。二〇一一年には、その運用額の合計は六・五兆ドルに達し、世界の外貨準備高の合計を抜くと予測されている。

　以上から、世界的に買い手が減少し、売り手がまだ残っているここ数年は、日本企業にとって絶好のチャンスということに

図4-5　政府系ファンドの急成長

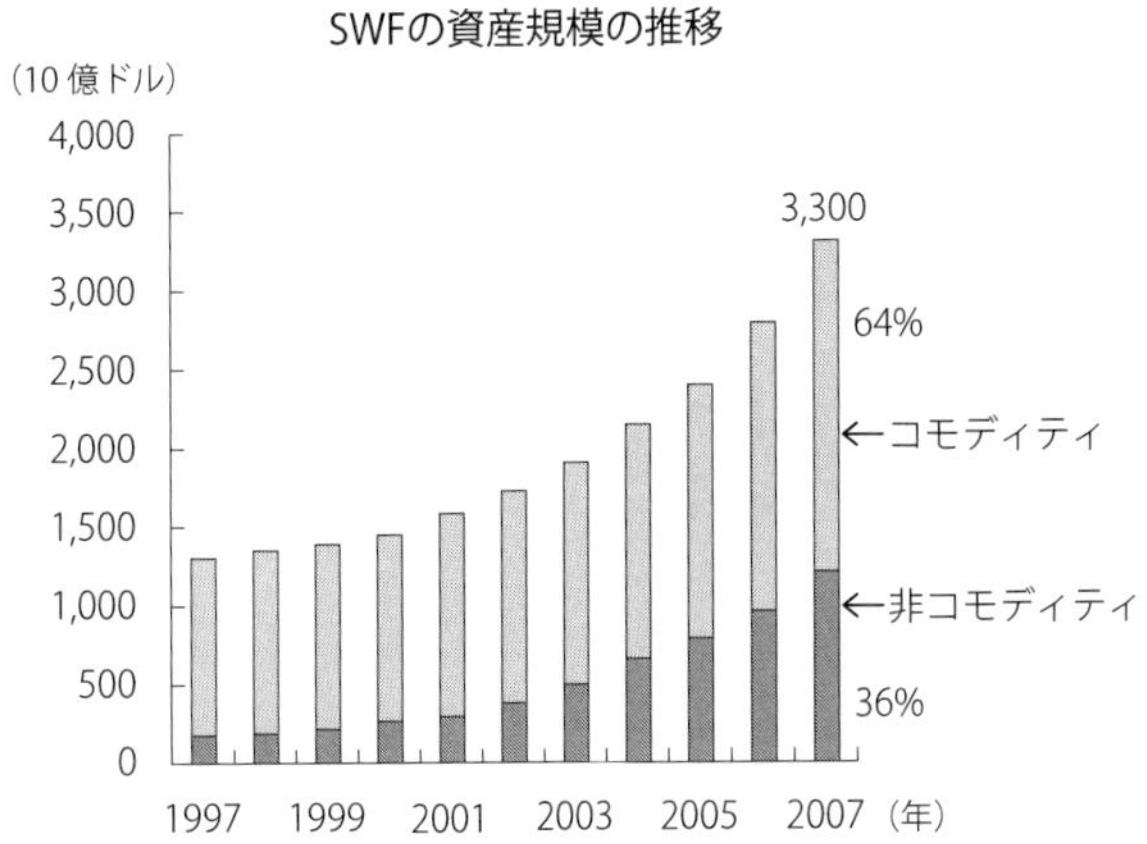

注釈：SWF は、その運用資産となる外貨の原資によって、石油等の資源輸出によって得た外貨資金を元に設立されたもの(コモデティィ一型)と、為替介入等を通して蓄積された外貨準備を元に設立されたもの(非コモデティィ一型)と大きく二つに分けられる

出所：「世界経済の潮流Ⅰ」(内閣府、2008年6月)

なる。最後のチャンスという表現が、あるいは適切かもしれない。

同時に、日本企業は買収されるリスクを考慮する必要もある。世界の投資家にとって、日本企業の人気は現状ではさほど高くない。しかし、今後投資家の視線が日本企業に向かってくるかもしれない。

具体的には、これまで政府系ファンドなどの投資対象は資源や金融分野が中心だった。今後、それが技術へと移る可能性は十分考えられる。日本企業が蓄積した技術を獲得することで、「掛け算」の効果をねらえる海外の買い手も少なくないだろう。投資家からの人気が低く、したがって株価も冴えないが、きらりと光る技術を持っている日本企業は非常に多い。

日本企業はこれまで本業意識、自前主義にこだわるあまり、一部の企業を除けばM&Aを戦略的に活用しようという発想が不足していたが、今や、M&Aは企業の継続的な成長にとって欠かせない戦略的な打ち手である。JTのように、リスクの低い小規模買収からスタートし、M&Aのノウハウを身に付けていくことが必要だ。しかも、ローリスクだからといってローリターンであるとは限らない。「掛け算」のM&Aを実行できれば、投資した企業の価値を何倍にも高めるほどのハイリターンを実現することができる。

積極的にM&Aに打って出て企業価値を高めるか、それとも買収される側に回るか。日本企業はいま、その瀬戸際に立たされていると言っても過言ではないのである。

第5章

ものづくり力——各国対応から世界標準へ

「カイゼン活動」を超える

本書で提唱する五つの力の中で、日本企業がもっとも得意だと自他共に認めるものは「ものづくり力」だろう。「安くていいもの」を作ることは、かつて日本企業のお家芸だった。日本のメーカーは系列のサプライヤーと一丸となって、一円単位、一銭単位の製造コストを削っていく「カイゼン活動」を積み重ね、「安くていいもの」を生み出してきた。こうした日本のメーカーの生産システムは、長く海外企業の手本ともなってきた。

しかし現在、多くの日本のメーカーの価格競争力が低下してきている。その原因は、もののコストにおける生産現場の占める割合の低下である。生産現場という狭いスコープでなく、バリューチェーン全体をスコープとしてグローバルでトータルコストを低減していかなければ、海外メーカーに太刀打ちできる価格競争力は得られない。生産現場のみにおける「カイゼン活動」を超えた、抜本的な改革がものづくりの現場に求められている。

日本国内に限って見ても、今回の金融不況の影響もあり、消費者の低価格志向はますます高まるばかりだ。しかも中途半端な安さではなく、「超低価格」が求められるようになっている。一般的な消費財にしてもおよそ三割引までは当然のものとして受け止められており、消費者から実際に求められているのは半額や三分の一の価格ではないだろうか。実際、エレクトロニクス業界の価格ダウンは、アナログ時代には年率五％程度であったが、近年のデジタル製品では年率二〇％以上にのぼるという。

さらに、価格以外の面でもメーカーに求められる要件は厳しさを増している。

一つめは消費者の多様化への対応である。新興国市場が拡大し、これまではターゲットに入ってこなかったような所得層の消費者市場がボリュームゾーンとして出現してきている。これに対応するために、メーカーには超低価格商品から高価格帯までの製品のフルライン化が求められている。二つめは商品の鮮度に対する消費者の感度の高さである。製品のライフサイクルはますます短くなっており、高回転で新製品を出す必要はますます高まっている。財布の紐が堅くなっていることもあり、陳腐化した製品に消費者は容易に手を出さない。

たとえば、ノキアが中国市場で販売している携帯電話端末は、USドルベースで約四四ドル〜七二〇〇ドルであり、文字通りのフルラインナップである。また、ノキアは各市場において毎年数多くの新製品を出している。過去にノキアは、製品開発の効率性を最優先した経営トップから、「できる限り同じ外観、同じ機能のものを売り込め」との指示を受けて製品の新規性を失った結果、消費者に嫌われてシェアが低下した苦い経験を持っており、製品の鮮度に関してはとりわけ敏感なメーカーの一つである。

一方、日本の携帯電話端末メーカーの多くは、世界的なボリュームゾーンである端末価格一〜二万円程度のローエンド製品は持っていない一方で、世界的にはニッチなマーケットである日本市場向けのハイエンドな新製品を次々に発売し、在庫を増加させ、高コスト化・低収益化を招いている。新たな機能を盛り込んだ製品・多機能製品は次々に出てはいるが、開発者の負荷が過剰になっているために、新規性のあるいい製品が開発できなくなっており、新製品を出せども出せども売上が伸びないという悪循環に陥っている。

この携帯電話の例に見るように、国や地域別、あるいはブランド別に、個別の製品を単発的に生産することは、多品種少量生産の「単純和」となるために、多地域展開による生産ボリュームの拡大をコスト削減、すなわち利益に変換できない。これからのものづくりに求められるのは、感度の高い消費者に対しては主に製品の外観を差別化して応えつつ、製品内部はシンプルなつくりとして製品間での部品の共通化を進め、スケールメリットを追求する方法である。

そのためには、トップダウンのリーダーシップの下で、地域や個別製品の枠組みを越えた全社的、かつ中長期的な視点でものづくりに取り組む必要がある。機能的にもグローバルレベルで営業・マーケティング、設計開発、製造・物流、調達部門が一体となって取り組むことで、さまざまなものづくりの難題を解決できる。

日本のメーカーが今学ぶべきは、海外のハイパフォーマンス企業の「ものづくり」である。彼らは、スケールメリットを活かし、消費者にとって価値あるものを低価格で生産している。また、単に低価格であるというだけではなく、ローカルの顧客ニーズを吸い上げ、多品種の製品を提供しながら市場展開している。「カイゼン活動」を超えた、彼らのものづくりに学ぶところは多いはずだ。

この章では、五つのポイントに分けて、「ものづくり力」の向上を考えてみたい。

一．ターゲットコストの見極め（売値－利益＝コスト）

製品の低価格化と言うと、「儲からない」と否定的な反応を示す企業が多い。「儲からない」と否定的になるのではなく、儲かるような利益管理を行うことが重要だ。どういった商品をいくらで売りたいか、いくら儲けたいかをまず決め、そのためにはどれだけのコストで作る必要があるのかという目標値を定め、そのターゲットコストを死守する覚悟で製品を作りこむ覚悟を持たなければならない。

儲かる利益管理のためには、コスト、利益、売値のとらえ方が重要である。利益の出ない企業はこれに関して、必要コストを積み上げていき、それに利益を乗せて売値を設定する「コスト＋利益＝売値」、あるいは設定した売値から必要コストを差し引いて利益を算出する「売値－コスト＝利益」の考え方のいずれかをとっている場合が多い。こうした考え方をする企業がどうなっているかを見てみると、前者の製品は市場価格に合わず売れない傾向にあるし、後者はコストが黒赤ぎりぎりのところまで膨らみ、利益がかなり圧迫される傾向にある。

ハイパフォーマンス企業の利益管理は、例外なく、売値から利益を引いて、ターゲットコストを決める「売値－利益＝コスト」という考え方に基づいている。いくらで売るかは市場情報を踏まえながらトップダウンで決め、期待利益については全社的に利益水準が予め決まっている。その二者から算出されたターゲットコストを、営業・マーケティング、製造・物流、開発、調達のバリューチェーンが一体となって、何がなんでも遵守する。遵守できるような工夫を考える。

この場合の「利益」を、家庭で主婦がする「貯金」と置き換えると分かりやすい（〝主婦〟に限らないかもしれないが）。やりくり上手の主婦は給与をもらうとまず決まった額の貯金をし、残ったお金の範囲内で生活をする工夫をする。そうすることによって、予定した貯金がつねに可能になる。夫や子供からもっと小遣いをくれと要求を受けることがあっても、家計を取り仕切る者として、主婦がトップダウンで優先順位を判断して拒否したりすることも多いだろう。しかし、やりくり下手な主婦の場合は、給与をもらうとさまざまな支払いを済ませたり日常の必要品を購入したりした後の、残ったお金を貯金しようとする。そうなると、夫や子供からのリクエストに都度応じて、目一杯に使い切ってしまい、なかなか貯金に回せなくなってしまう。ハイパフォーマンス企業と、そうでない企業の利益の出し方の違いも、そのようなものである。

いくつか例を見てみよう。

P＆Gでは、低所得層を取り込むために、まず彼らが購入できるような売値を設定する。どんな売値であっても、そこから利益が出るようなビジネスモデルを築き、一方で、講じられる限りのコスト削減策を実施し、決して利益は絞らない。たとえば、新興国市場で売れている小分けシャンプーや洗剤は、そのような考え方に基づいて開発・販売されたものである。

二〇〇九年二月に一八九万円という衝撃的な価格で発売されたホンダのハイブリッド車「インサイト」は、「同型の普通乗用車からのコスト増分を二〇万円以内に」という福井社長の厳命の下に開発されたという。これは「量産効果を上げるために年間二〇万台を販売」、そのためには「二〇〇万円以下の手頃な価格が必須」という目標から見極められた、譲れないターゲットコストであると言えるだろう。開発陣にとっては無理難題と思われたであろうこのターゲットコストは、エンジンや部品の軽量化、部品点数の削減といった新規開発部分と、「フィット」を中心とする既存量産車の部品を流用部分の組み合わせ、量産効果を出すための工場の自動化といった工夫によって成し遂げられ、インサイトの大ヒットにつながっている。また、当初より経営陣から与えられた「全世界ワンボディー」、「全世界で同コンセプト」、「全世界で同販売戦略」という開発命題も、利益を出せるものづくりをしていく上で重要な視点を開発陣に与えているだろう。

「利益を固定費と考える」ことを根幹に据えて経営を行ってきているのがJFEホールディングスである。「利益の固定費化」を進めるために、値引きの対象となることのない高付加価値な「オンリーワン商品」の開発・販売に注力している。また、収益責任を負う組織と、その組織を横串でとらえる「セクター制度」を導入することによって、組織横断的なコスト低減策を検討する仕組みを取り入れていることも特徴だ。

二、価値を絞る

よく言われることだが、日本メーカーの製品には使う機会のない機能がいろいろ付属している。製品企画の担当者が営業部門、マーケティングやサービス部門などさまざまな部門にお伺いを立てる。そして、なるべく多くの人の意見を取り込むのが善だという考えの下に、どうしても機能を盛り込みがちになるからである。その結果は、消費者にとって（実は）割高な製品という形になって現れている。厄介なのは、消費者にとっては価格面だけではなく、盛り込んだ機能によって使い方が複雑になるというマイナスインパクトも持っていることだ。

もちろん、さまざまなニーズをインプットとして広く収集することは製品を企画する上で非常に重要である。しかし、より重要なことは、膨大なインプットをもとに「提供しないものを決める」ことだ。消費者に提供する価値をシンプルに絞り込むことだ。価値の絞り込みにより、マーケティングメッセージもクリアになって販売しやすくなり、利用者にとっても使いやすさが増す。そのために、製品企画者は独自の課題意識を持つ必要がある。消費者がほしいと自覚しているものでは必ずしもなく、深層心理において「あったらいいな」と漠然と感じているようなものを掘り起こし、そこに価値を集中させていくことで、「提供しないものを決める」ことが可能になるからだ。そのようにして価値を絞り込んではじめて、常識を超えた新たな製品コンセプトを生み出すことができる。

インドのタタ自動車が発売したナノの例で考えてみよう。この商品は、一家四人が一台のバイクで移動する、インドの郊外・農村部ではごく日常的な風景を目にしていたラタン・タタ会長の、雨の中でも安全な移動手段を手頃な値段で提供したい、という思いから始まっている。

インドで売られているバイクが大体三〜四万ルピー程度であるのに対し、当時インドでもっとも安価な乗用車であったマルチ・スズキの「マルチ八〇〇」は二〇万ルピーと五倍以上の価格差があった。より多くの人がバイクから乗用車に乗り換えるためには、その中間の価格帯の製品である必要があると考え、一一万ルピーという価格を設定したようである。発表当時は原動機付き人力車や簡素な軽トラック程度の値段であった。

舗装路面の走行性能としては、ナノは充分な能力を確保したとされている。オールアルミ製の排気量六二三ccのエンジンを搭載し、最高時速は一〇五キロメートルで燃費はリットルあたり約二一キロメートルだという。安全性をまったく無視しているわけではなく、衝突時安全装置も一部、標準装備している。とはいえ、コストダウンのためさまざまな機能が最小限に抑えられていると言ってもよい。たとえば、運転席側にしかないドアミラー、一本のみのワイパー、実際には可動しない見た目だけのハッチバックなどである。エアコンやオーディオなどについてはオプションで付けられるが、コストを抑えるために既製品ではなく機構を簡素化されたものが使われる。

ナノのこうした仕様は、「車」という概念に縛られることなく、「一家四人が（バイクよりも）安全に移動できる」ことに提供すべき価値を絞り込んだことにより生み出されたものだ。従来の概念から言えば、また日本の安全基準には満たないという点からすれば、たしかに「車ではない」のかもしれないが、新しいマーケットを掘り起こすことに成功したと言えるだろう。

提供価値を絞ることで、先進国市場にも大きなインパクトを与えたのは、日本で「5万円PC」としばしば呼ばれる、いわゆるネットブックだ。ウェブコンテンツ閲覧や電子メール・チャットなど、基本的なインターネット上のサービスを利用することを目的として機能を絞り、価格を大幅に下げている。

ネットブックで市場に切り込んだのは、台湾メーカーであるアスースの「EeePC（イーピーシー）」である。アスースは、ネットへの接続及び本体軽量化、長寿命バッテリに価値を絞り込み、処理速度や大容量ハードディスク、付属ソフトはできるだけ削ぎ落とすことで低価格化を実現した。日本市場では発売後三日後にして一カ月の販売目標を達成したという。大手日本メーカーのネットブック市場参入後の現在も、依然として高い人気を誇っている。

実は、ネットブックのコンセプトは数年前の展示会でサンプルが発表されていた。しかし、日本メーカーの多くは、ナノに対して自動車業界関係者が示した反応と同様、「あれはPCでない」ということで相手にしなかった。PCの用途がどのように変化してきているかを立ち止まって考えることなく、PCに対して消費者が求めるのは（開発者である自分たちと同様に）ハイスペック・大容量であると信じて疑わなかったのではないか。重要なのは、消費者が求める価値を提供できることであり、「自動車」や「PC」として認知されようがされまいが大きな問題ではないはずだ。

ナノやネットブックは、価値を絞ることにより、新しい商品が生まれ、同時に低価格化が実現される象徴的な例だと言える。

三．つくりをシンプルにする

内部の多様性を減らす

前述のように、多極化世界においては、市場を拡大すればするほど価格帯を広げる必要が出てくる。多極化世界への展開とはすなわち、新興国市場の、とりわけ低所得者層の開拓を意味するからである。また、展開する市場を増やせば増やすほど、対応すべきローカルニーズも多様になる。つまりメーカーとしては、上市すべき製品数を増やさないと消費者ニーズに対応することができないのである。

漫然と製品開発をしていたのでは、市場展開に伴う販売ボリュームの拡大をコストダウンに結びつけることができない。コストダウンがうまくいかないだけでなく、設計開発者の負荷が増大してパンク状態になり、よい製品が出せなくなり、競合との新製品競争にも悪影響を来たすことになる。

こうした問題を解決するためには、消費者の多様なニーズは吸い上げながらも、消費者から直接見えることのない内部の部品構成などは「標準化」を進めて、多様性を抑制することが鍵になる。

そのためには、各国仕様となっていた製品を同じモデルに標準化するだけでなく、モデル間、世代間まで範囲を広げた標準化をする工夫が必要だ。こうした標準化を実現するためには、個々の設計者や開発部門の努力だけではなく、全社を挙げて取り組む必要がある。

とはいえ、多極化時代を迎えるずっと以前から、標準化は重要なものづくりのテーマと位置づけられてきている。自社では、すでに標準化はかなり進んでいるという読者も多いだろう。そのような多極化時代以前の「標準化」と、多極化時代に求められるハイパフォーマンスの標準化がどのように違うのかを考えてみよう。

ある日本メーカーの例だが、まったく同じ製品でありながら、日本で生産する場合と中国で生産する場合とで部品構成が大きく異なっているということがあった。その理由は、日本と中国における人件費の格差である。日本では人件費が高いため、なるべく人の手をかけずに生産現場を極力自動化する必要があった。そのため、自動化に適した製品設計を行い、加工度の高い形でサプライヤーから部品を納品してもらっていた。一方、中国の人件費は低いため、部品の納品は日本よりも細かな単位で行われ、工場の自動化はあまり進めずにできるだけ手作業を増加させるような設計を行っていた。こうすることにより、たしかにコストダウンは可能になるが、生産プロセスが多様になるというデメリットも生まれる。

こうして生産プロセスの種類が増加していくことになる。従来の標準化活動のアプローチは、そのような「個の最適化」、いわゆる「個別最適」の下で、標準部品をできるだけ使おうというものだった。個別最適を追求した結果、「外はシンプル、中は複雑」となる。このようなアプローチは、スケールあるいはスケールメリットがあまりない時には適している。

しかし、新興国市場に大きく展開しているハイパフォーマンス企業は、このような個別のコスト最適化よりも、個別のコストダウンを犠牲にしても、スケールを活かしてコスト効果を大きく取る手法を選択している。どのモデル、どの地域、どの世代でも使えるような「プラットフォーム」を、「世界最適」という視点から設計する。そのプラットフォームに対し、ローカルの設計者が、現地の消費者ニーズに合わせた差別化パートを追加して製品を仕上げるというアプローチを取っている。

そのアプローチを簡単に説明すると次のようになる。

まず、グローバルレベルでの顧客ニーズ、新たな技術動向、競合の動きなどを考慮して中長期的な製品ロードマップを立案する。

グローバルレベルで顧客をセグメントし、そのセグメントを元に製品の基本モデルを構築する。製品基本モデル間及び世代間で、コアとなる部品の標準化を徹底するために、企画・設計段階から、事業部門、設計、営業・マーケティング、生産・物流、調達の各部門から責任者を出し、全員で議論しながら進める。また、自社内の標準化だけでなく、できるだけ独自設計をせずに、「ありもの」の汎用部品の活用も積極的に検討する。

この際、どこを標準化しどこで差別化するか、その見極めが重要である。通常は、顧客の多様性への「ニーズの強さ」と多様化に対応するための「コストの大きさ」の二軸で考える。顧客の多様性へのニーズがそれほど強くないと考えられる部分に関しては、思い切った標準化・プラットフォーム化を行う。顧客のニーズが強いものには原則対応するものの、対応コストが大きいものについては低コストで行う方法に知恵を絞る必要がある。

たとえば、第二章で説明したようにノキアの製品基本モデルは四つだ。ノキアでは、グローバルレベルで顧客を四つにセグメントし、それに対して四つのコンセプトに基づいた製品基本モデルを設定している。一つめの製品コンセプトは〝Connect〟で、通話に重点をおき、使いやすさを追及したシンプルな製品モデルである。二つめの製品コンセプトは、〝Live〟で、自己表現やデザイン、スタイルなどファッション性を追求している。三つめは〝Achieve〟であり、仕事仲間とのコラボレーションの容易さを追求したビジネスマン向けの製品モデルとなっている。四つめは〝Explore〟で、イノベーションや技術の先進性を追求する人に向けた製品である。この四つの製品基本モデルを基に、世界中の数多くの製品に分化している。

部品の標準化に関しては、ノキアも先述の二軸を活用しており、顧客の意識に上らないものについては徹底的に標準化している。その範囲は、ＯＳなどのソフトウェアはもとよりディスプレイやカメラなどの基幹部品、コネクタなどの細かい部品まで多岐に渡る。

一方で、顧客の意識には上がりにくい内部の標準化を進めつつ、もっとも顧客の目につきやすい外観での差別化をノキアは積極的に図っている。特に、外観のうちの「色」に関しては、塗装やエッチング、印刷などの技術を駆使して比較的安価に対応できるため、製品の多様化に積極的に対応している。さらに、かなりの対応コストとリードタイムを必要とする「外形」にバリエーションを持たせるために、ノキアでは新たに「ノキア・ラピッド・ツーリング」（Nokia Rapid Tooling）という開発プロセスを構築し、通常三カ月程度かかる金型製作期間を数週間に短縮できるようにした。顧客ニーズの強さと対応コストの大きさの二軸で考えたときに、外形のバリエーションはぜひとも必要なものであると判断され、このツールの開発・導入に至ったということになろう。

標準化を促進するためには

標準化のメリットをここで整理しておきたい。

一つめのメリットは、消費者のニーズの変化やイベントに合わせた新製品がタイムリーに出しやすくなることだ。標準化を進め、プラットフォーム化された部分が増えることで、ゼロから企画・設計し製造する部分を減らすことができる。それによって全体のリードタイムが短縮されるため、製品はその時々の最新ニーズをとらえることが可能になる。

二つめは、部品調達コストが大幅に削減されることである。部品の標準化が進むと、サプライヤーの設計コストは大幅に削減され、製造のスケールメリットも得られる。また、機種ごとの需要変動が機種間で平準化されるようになるため、廃棄在庫も大幅に削減される。

三つめは、社内の設計業務が大幅に削減されることである。製品の基本モデルはグローバルで作られるため、ローカルの設計者は「アドオン」の部分に専念できる。

四つめは、製品の品質が安定することである。自社の他のモデルがすでに使用している部品を標準部品としたり、他社が使用して安定性が実証された汎用部品を標準部品として活用したりすることにより、品質の安定が期待できる。

このようにメリットを挙げていくと、標準化はいいことずくめであるように思われる。しかし、これを実際に行い、成功に結び付けていくことは生易しいことではない。標準化に対する社内の理解を得なければならないし、実際に進めていくための体制も整えなければならない。

標準化には、大きく四つの標準化――製品の標準化、部品素材の標準化、製造・物流業務の標準化、グローバル部品表や購買情報一元管理などの情報の標準化――があると考えられるが、すべての標準化が一気にできるわけではない。ハイパフォーマンス企業は最終的にはすべてを行っているが、そこにたどり着くまでのアプローチはさまざまだ。たとえば、ノキアは製品標準化、ユニクロでは素材の標準化、トヨタは生産・物流業務の標準化、コマツは情報の標準化を切り口として標準化を進めている。

標準化に成功するためには、特に次の点が重要である。

一つめは、社内の利害相反を解消するためのトップの強いコミットメント、及び全体最適への協力を評価する仕組みだ。

製品マネジャーは「地域×モデル」単位で責任を持つことが多い。前述したように、日本と中国では製造条件が異なるために、最適解が両国で異なる。同様のことが、上位機種と下位機種の部品標準化の際にも起こるのである。部品標準化を行うと、ある上位機種には物足りず、下位機種には過剰の仕様となる場合が多いということだ。下位機種の担当者にとっては標準部品を使うメリットは感じられず、標準化に関しては否定的になる。たとえば、ハイエンド機種向けLSIを基準として共通化を進めるとローエンド機種にとってはオーバースペックとなりコスト高を招いてしまうため、現場の理解を得ることは難しい。かといって、ハイエンド機種にローエンド機種向けLSIを使うことに対する理解を得ることも同様に難しいだろう。ここで、トップのコミットメントと評価の仕組みが重要となってくる。

二つめは、「標準」を決める専門組織を社内に持つことだ。

全社的な中長期的製品戦略を理解し、消費者や技術のことを理解する人たちが、「全体最適」の最適解であるプラットフォームや標準を決めるための組織を設置する。ノキアでも製品のプラットフォーム化を推進するために、製品ごとの開発組織とは別の独立したプラットフォームを選定・開発する組織(PPL:Platform Program Line)を持っている。PPLは、R&D、マーケティング、調達、物流、財務部門などから専門家を招集して結成されるタスクフォースチームであり、次世代の製品プラットフォームを設定するためにそれぞれの立場から検討を尽くすことを目的としている。たとえば、R&D担当者は技術的な実現性について、マーケティング担当者は全社的な製品戦略との適合度について、調達担当者は部材調達上のリスクについて、財務担当者は製品開発上の投資・予算管理について議論するといった具合である。このように全社的な視点から製品プラットフォームを設計した後にはじめて、個々の製品開発に進むことになる。

標準化成功のポイントの三つめは、製品開発に関連するほぼすべての組織をグローバル化することである。

プラットフォームを決める組織に専門家を派遣する組織（R&D、営業・マーケティング、生産、調達など）を、グローバル組織化する必要がある。単にグローバルでそれぞれの組織を単一化するというのではなく、国や地域によって異なるさまざまな事情を吸い上げることのできる「グローバル組織」を作る。プラットフォーム設計組織の有効性を高めるためには、そこにアサインする人材を抱える社内各部門がグローバルの事情を熟知していることが必要であることは言うまでもない。

図面の標準化と設計資産の蓄積

製品や部品の標準化に伴い、設計図面も標準化される。標準化された設計資産を蓄積して活用していくことは、「つくりをシンプルにする」上で、大変有効である。

ただし、設計資産の蓄積は、単に設計文書を蓄積し社員が閲覧できるようにすることとイコールではない。それでは、「ナレッジマネジメント」と呼ばれている企業内の仕組みがしばしば陥りがちな状況と変わらなくなってしまう。

近年、多くの企業で導入されている「ナレッジマネジメント」と呼ばれる仕組みは、社員のそれぞれが持っている成功・失敗事例を社内で共有し、業績向上に結びつけようというものだ。ただし、多くの場合、ナレッジマネジメントは「ゴミの集積」になってしまっている。有用な情報があったとしても大抵は情報の洪水に埋もれてしまい、必要な情報を探し出すことは難しい。

成功のポイントは、今までの設計資産を漫然と蓄積し登録していくのではなく、蓄積すべきものを選別することである。そのためには、優秀な技術者や製品戦略、マーケティング戦略等に関わる人材を幅広く集め、かなりの労力を投入する必要がある。ナレッジマネジメントについても同様のことが言えるが、この選別作業を片手間の仕事としてやらせてはいけない。また、それほど能力の高くない人材や、言葉を選ばずに言えば「余っている」人材にやらせてはいけない。優秀な人材の投入により、「使える」資産や自社の製品戦略に乗っ取った資産のみが蓄積されるようになり、資産の厚みが増し、その後数年に渡って設計資産を「使いまわす」ことができるようになる（この「設計資産の蓄積」は、ソフト開発においてはさらに威力が高まり、さまざまな機種の間で資産を流用することで、五〜一〇倍の開発効率の向上が見込めると言われている）。

ノキアでは優秀な技術者を集め、二〇〇一年から二〇〇三年をメインに数年かけて設計資産の構築を行った。この間は新製品数が減り、先述の二〇〇二年からのシェアの一時的低下の原因になったのであるが、設計資産の蓄積・再利用の結果、一九九〇年台後半には年間二〇未満であった新製品数が、二〇〇五年には五六機種に増加したという。

不況期には社員は比較的時間がある。設計資産というインフラ構築のチャンスだろう。

四．外部を使う

日本型垂直統合モデルの限界

ハイパフォーマンス企業は世界中の外部の力を積極的に活用し、リスクを低減しながら効率よくものづくりを行い、利益をあげている。一方、日本企業の多くは、いわゆる「垂直統合」モデルを基本としている。しかし、外部環境の変化から判断すると、業界により一概には言えないが、日本型垂直統合モデルが有利な時代はすでに転換点を迎えており、今後ものづくりをどういうモデルで行っていくかについては再考の必要がありそうだ。

外部環境の変化として、一つはサプライヤーのレベルが向上していることがある。外部のサプライヤーのレベルが低いときには、たしかに垂直統合モデルは向いている。部品から自社工場で製造することで、安定した品質を保てるだけではなく、目標とするレベルのコスト削減を実現することも可能になる、優位性を持つ自社技術のブラックボックス化を図ることができる、といった利点がある。しかしながら、現在は、世界を見渡してみると、優れたサプライヤーや製造委託先が多数存在し、技術面・コスト面における垂直統合モデルの優位性がさほど大きくなくなってきている。現在では、サプライヤーや製造委託先はさまざまな組立メーカーからの受託を通じ、製造ボリュームや経験を積み重ねることによってＱＣＤ（Quality, Cost, Delivery）のレベルを飛躍的に向上させている。

二つめの外部環境の変化は、技術の質に関するものである。多くの産業において技術の主役が

「ハードからソフト」、「アナログからデジタル」、「メカからエレキ」へと変化した。これらの変化は、垂直統合モデルの優位性が高い「擦り合わせ」から水平分業モデルが有利な「モジュール」へと、ものづくりをシフトさせている。

こうした環境変化の中で、サプライヤーの主役は大きく変わり、勝ち組の巨大なサプライヤーや製造委託先が出現している。こうしたサプライヤーにはたとえば、有名なところではドイツのボッシュのような部品メーカー、台湾の鴻海精密工業のようなEMSや台湾セミコンダクター・マニュファクチャリング（TSMC）のようなファウンドリーなどがある。

ハイパフォーマンス企業が進めている部品の標準化は、サプライヤーのビジネスをより魅力的にし、実力のあるサプライヤーを呼び込む。また、サプライヤーの実力アップはメーカーの標準化へのモチベーションを向上させるというように、水平分業にとっての好循環が発生している。

このような変化をとらえると、外部サプライヤーを使わずに系列企業を使い続け、垂直統合モデルを維持し続けることは明らかに、日本企業の競争力が低下していくことを意味すると考えられる。

ここで、日本型垂直統合モデルについて、歴史的な背景も含め、概観してみよう。

日本型垂直統合モデルとは、自社あるいは系列のサプライヤーを丸抱えにして、川上から川下に至るすべてのバリューチェーンを構築するビジネスモデルである。まだ日本の工業化が進んでいない時代に、自動車メーカーをはじめとする日本の組立メーカーは、生産に関するノウハウや資本を注入することによりサプライヤーを育成し、運命共同体的な関係を構築してきた。円高で日本メーカーが海外生産を活発化させたときにも、現地のサプライヤーを使うことよりも、系列サプライヤーが一緒に海外へ進出することを優先した。

自動車産業などが強い業界を作り上げることに成功したのはこのモデルのおかげであるし、日本産業の底力である中小企業のレベルの高さにも、このモデルが大きな影響を与えていることは間違いないだろう。

とはいえ、先に挙げた外部環境の変化だけではなく、業務効率的な側面からも垂直統合モデルは無駄が多く生じるモデルであり、不利になってきていることは明らかだ。たとえば、メーカーと系列サプライヤーの間では設計業務や製造業務の重複が発生している。サプライヤーのレベルが低いときには、サプライヤーにすべてを任せることができず、安定した品質を維持するためにはメーカー側でできるだけ多くを抱え込む必要があったということだろう。しかし今や、メーカー・サプライヤー双方の努力によって、設計も含めサプライヤー単独で実行可能な業務は多くなってきている。それにもかかわらず、サプライヤーに設計を任せたり、サプライヤーが持つ標準化された部材を使ったりすることを好まないメーカーは多いのではないか。

住宅業界を例にとって考えてみよう。日本には積水ハウス、大和ハウス、積水ハイムなど世界に類がないほど巨大なプレハブ住宅メーカーが存在する。また、住宅部材メーカーにもＹＫＫやＴＯＴＯといったグローバル企業が存在する。しかし、住宅メーカーは多くの部材に対して、標準品を好まず、特注品を使う傾向にある。その結果、住宅メーカー自身が部材の設計に入り込み、工場などでの施工に多くの工数が費やされることになる。

特注品と標準品についてどう感じているか実際に顧客調査を行ったことがあるが、大半の部材について顧客は標準品のほうがいいと感じていた。また、同じ特注品でも、その設備の専門知識を持っている部材メーカーのアイデアを取り入れることで顧客に低価格でよりよい製品を提供することができる場合も多かった。

こうした調査結果を受けて、ある住宅メーカーはベストなサプライヤーを選定し、サプライヤーの標準部品を可能な限り活用するという施策を採用した。加えて、特注品についても、設計をサプライヤーに任せることにより設計製造コストを削減することに成功した。その結果、市場が低迷する中で利益を大幅に増加させることができたのである。

日本型垂直統合モデルの限界を認識し、外部サプライヤーを積極的に活用すべきときに来ているのではないだろうか。

基本は外部化する

水平分業モデルとは、ＱＣＤで勝るベストなサプライヤーを選択してバリューチェーンを構成し、グローバルレベルでドリームチームを作り協業するモデルだ。

しかも、「大胆な外部化」を行い、サプライヤーに多くを任せるようにする。顧客にとって、本当に差別化要因となる部分のみを自前で持つのだ。ハイパフォーマンス企業は部品メーカーや製造受託会社の力を徹底的に利用している。それに比べて、日本企業の外部化は低付加価値業務に限られる場合が多いため、外部化の効果は限定的なものにしかならない。

ハイパフォーマンス企業がこれほど外部活用を徹底するのは、経営資源を自らの競争力を高めるところのみに投入したいという理由が大きい。限られた経営資源を有効活用するために、大規模な技術開発や長期プロジェクトのみに投資対象を絞り、それ以外の投資は極力控えるという方針だ。そうすることによって、直接差別化に貢献しないような開発や製造への投資を抑制でき、固定費を低減することができる。また、他社がサプライヤーに対して行った発注もコストダウンに効いてくるため、通常、コスト面でも有利である。

タタ自動車のナノの一一万ルピーという破格の価格は、製品開発及び製造を徹底的に外部化したことで実現した。サプライヤーの持つ「ありもの」部品を活用するだけではなく、極力モジュールで納品してもらっているという。「ありもの」の（＝既存の）部品を使うと、品質も実証済みであり、新規の設計・製造に伴う初期投資もかからない。モジュールという加工度の高い形態で納品してもらうことにより、製造設備への投資は最小限で済む。このようにして製造の固定費を抑制することにより、需要の変動に対して柔軟に数量変更が可能になるのも大きなメリットだ。また、大規模な製造設備を抱える工場を持たないため、労働コストの上昇が起きた場合の工場移転も比較的容易に行うことができる。

この方針を実践し、ハイパフォーマンスを実現している日本企業もある。たとえばキヤノンのデジタルカメラ部門は、競合他社が営業利益率数％程度で苦しんでいる中、二桁の営業利益率を誇ってきた。キヤノンの開発体制は、「画質」に密接に関係あるLSIと光学部品に特化して自社で行うというものである。差別化の要因とならないととらえている他の部品については、積極的に外部サプライヤーのものを用いている。

メーカーとサプライヤーの関係変化

水平分業モデルでは、メーカーとサプライヤーとの関係も変化する。

メーカーは必要とするさまざまな領域で、優れたサプライヤーと付き合い、彼らと「あたかも一つの企業」であるかのように戦略や業務システムを統合していく。一つの企業と深く付き合うためには、経営資源である人・モノ・金を投入し、人材やインフラを整えていく必要がある。数多くのサプライヤーに対してそのような投資を行っていくのは難しいため、サプライヤーの大幅な絞込みを行う必要が出てくる。一般的には、サプライヤー絞込みの主目的は発注量を増やして購入単価を下げることであるが、こうした業務統合の実行も重要な目的の一つである。

水平分業モデルでは、両社の位置関係も変わってくる。垂直統合モデルは買い手（メーカー）が偉く、売り手（サプライヤー）が下というように、「上下関係」となりやすい。上下関係をお互いが容認し、上の立場である買い手が下の立場にいる売り手を育てるという形だ。そこには売り手からの提案というものは基本的には少なく、売り手はあくまでも御用聞き的な存在となる。

一方、水平分業モデルは、売り手と買い手の「対等関係」が基本である。メーカーは、サプライヤーをその分野における専門家として認め、尊敬し、互いに「学びあう」関係を構築する必要がある。そのためには、これまでのような「サプライヤーの営業」と「メーカーの購買」という「点と点の関係」ではなく、お互いの設計部門、生産部門、調達部門、営業マーケティング部門、情報システム部門等が多面的な関係を構築していく努力が必要になる。「あたかも一つの企業」のようになるというのはこのような関係を意味するのであり、力の強いメーカーに否応なしに引っ張られる運命共同体的なものでは決してないことに注意してほしい。

五．R&Dは「川下」に絞り、外部化する

R&Dは企業の競争力の源泉ではあるが、投資がなかなか結実しない領域である。特に日本企業においては、R&D投資の売上高比率は高いものの、効率的に利益に結びついていないのは第一章でも述べた通りである。自社のR&D投資効率の低さにいち早く気づいたP&Gでは、R&D投資効率の向上に着手した。当時のCEOのラフリーの言葉によれば「新製品の半分はP&G研究所の中で生まれ、残り半分がP&Gの研究所を介して生み出される」状態がゴールであり、自社の独自開発を減らすことによってR&D効率を高めることをめざした。この戦略により、P&Gはイノベーション成功率を二倍以上に高めたという。

昨今の環境は、企業のR&D活動にとってますます厳しいものとなっている。R&D投資の大規模化・長期化、成功確率の低下はもとより、デジタル化・ソフト化の進展により、仮にイノベーションに成功したとしても、先行者利益の取れる期間が少なくなってきているためだ。

しかし、R&Dが変革の「聖域」となっている企業はいまだに多い。その理由の一つとして、投資対効果を測定しづらいというR&Dの特質がある。ある研究テーマが川上（＝基礎研究）に近ければ近いほど、実際のビジネスに結びつくまでには非常に時間がかかり、短期間の成果は定量化できない。そのために、どうしても変革のメスは入れづらくなる。R&Dが変革の「聖域」となっている二つめの理由は、研究とは「創造的」な活動であるため管理に向かない、したがって活動は研究者の自主性に任せるべきであるという意見が根強いことである。

革新的な製品・サービスをいつの日か出すために、川上の研究開発（すなわち〝開発〟ではなく〝研究〟）を継続的に行っていく必要があることは明らかである。しかし現在のような不況期には、より事業に結びつきやすいテーマに対して重点的に資源を投入していくべきではないだろうか。潜在的な可能性を秘めた研究かもしれないとはいえ、それに対して投資を行う企業自体が倒産してしまっては元も子もない。この不況を、自社の研究開発のあり方を見直すきっかけとしてぜひ利用してほしい。

ハイパフォーマンス企業のR&D効率を向上させるために、だいたい二つのアプローチを活用している。

一つは、R&Dの下流、つまり顧客に近い投資にシフトするアプローチだ。ゼロからの製品開発ではなく、他社の先行製品を研究するところから始める「リバース・エンジニアリング」を積極的に行う。そして、製品の機能要件を満たし、マーケットに受けのよい製品に「仕上げる」ところに大きく投資を行う。

「仕上げる」ためのポイントとしては、各国・各地域における製品へのニーズや嗜好を徹底的に研究することが必要である。また、その地域の人々の好みに合うような色やデザインを研究する。リバース・エンジニアリングのメリットは、他社の先行製品を下敷きとするため、売れるか売れないかわからない製品に投資をしなくてもすむし、「市場性」は検証するマーケティングプロセスを省略することができる。さらに、部品も他社が使っているものを使うため、機能や品質の検証は大幅に省略され、不良率も大幅に削減される。これはいわゆるフォロアー戦略だが、この戦略の成功には製品を市場に出す「上市」スピードを実現する、洗練された製品開発プロセスが必要になる。付け加えれば、ニーズや嗜好の反映はあくまで「仕上げ」のポイントであり、前述の「製品プラットフォーム」が基礎にあることは言うまでもない。

サムスンは、これだけの技術力やブランド力を持っていてもいまだに、リバース・エンジニアリングに力を入れている。周知の通り、サムスンは二〇〇五年以降、ブランド力ランキングでソニーを抜いている（インターブランドの「ベスト・グローバル・ブランド」による）。二〇〇八年の特許ランキングでは一九位にランクしており、R&D投資も三・八兆ウォン（約二八〇〇億円。二〇〇九年七月現在一ウォン＝〇・〇七円）に達している。当然、単なる「モノマネ」企業ではない。

サムスンの強さの秘密は、競合他社の先行製品を分解・分析して、徹底的に研究することにあるわけではない。内部の構造を理解した上で、新興国市場向けなら新興国市場向けの価格となるよう、必要機能を構成しなおす。さらに、内部の構造は変化させずに外観のみを変更させる「リデザイン」によって次々に新しい製品をリリースし、製品の「鮮度」が落ちないようにするという工夫をしている。ちなみに、デザインに関するサムスンのこだわりは、役員全員にデザイン研修を受けさせるという徹底ぶりからもうかがえる。

もう一つのR&Dの投資効率を上げるアプローチは外部を活用することだ。

先に述べたように、自社単独でのR&Dの投資効率は低下している。さらに上場企業には、安定的に新製品を出し続けて成長を維持することが株式市場から求められている。必然的に、外部と連携してR&D活動を行っていくことが必要になる。しかし、いまだに多くの企業は「Not Invented Here」症候群から抜け出せずにいる。

そうした中で、オープン・イノベーションを積極化しているのが前述のR&Dである。P&Gでは二〇〇〇年頃から「コネクト・アンド・ディベロップ」と呼ぶ、R&Dの外部化を積極的に進めている。サプライヤーや研究機関といった社外のネットワークを築いたり、社外の研究成果を掘り起こしたりする役割を担う「テクノロジー・アントレプレナー」と呼ばれる社員を世界各地に配置しているほか、「イノセンティブ」や「ナインシグマ」といった、企業の抱える技術的問題を公開し懸賞金つきで解決策を募集する社外機関の利用を進めるというのが、具体的な手段である。この

「コネクト・アンド・ディベロップ」により二〇〇六年までの間に一三七製品を製品化し、R&D効率を六〇%以上高める一方で、対売上高R&D費比率の三〇%を削減することに成功しているという。

また、R&Dの外部化を積極的に進めている業界に製薬業界がある。一般に、製薬メーカーのR&Dは特殊だと考えられてきたが他業界のR&Dの動向は製薬会社のそれに追随する形となってきているため、先行事例として参考になるだろう。

製薬業界のR&Dの特徴として、一つにはR&Dの大型化がある。製薬業界のR&Dは年々大型化してきており、一つの薬剤の製品化までには、十数年の年月と平均しておよそ五〇〇億円という莫大な投資額が必要であると言われている。二つめの特徴としては、研究から製品化に成功する確率が非常に小さく（候補化合物から見た場合での成功確率は〇・〇〇九%）、しかも、実際に上市できる新薬の数は年々低下傾向にあるという点が挙げられる。製薬メーカーは社内に多くの研究者を抱えているが、新製品に結びつく成果が出る研究者は全体から見ると非常に少ない割合にとどまるという。

社内のみに依存して研究開発を行う場合、どうしても製品のパイプラインにムラが出てくる。そうすると、いわゆる二〇一〇年問題など、大型製品の特許切れの際に大きく売上が低下する恐れがある。また、パイプラインに切れ目ができてしまうと、大量の人材が携わっている開発業務の仕事が減少し、余剰の人材が生まれてしまう恐れもある。

このような事態を防ぐため、製薬企業ではベンチャー企業や協業企業からのライセンスインや提携により、自社のパイプラインを増強し、外部の研究機関や大学との連携も積極的に行っている。新薬候補ごとに莫大な人数が必要な臨床開発も、固定的な人員を社内で抱えることは現実的ではない。超メガファーマでさえも、臨床開発の多くはアウトソースしている。

『ウィキノミクス』にも詳しく述べられているが、研究開発を外部の機関や研究者と連携して行う企業は増えてきている。企業内部では解決できない研究開発上の課題を公開して解決策を募る「イノセンティブ」などの仕組みに、不安を覚える人もいるかもしれない。旧来の考え方に従うならば、たしかに企業内部の「課題」を外部に公開するなどありえないことである。しかし、あまりに急速な技術の発展にどんな巨大企業の研究開発部門も十分に追いつくことができていないのが現状だ。それを自社のみで賄おうとしたら、企業はとてつもない数の人員を抱え込まなければならない。

P&Gが「コネクト・アンド・ディベロップ」を開始したとき、彼らが社内に抱える研究者は七五〇〇人であったが、それと同等の能力を有し、P&Gが利用できる可能性のある外部の研究者の数はおよそ一五〇〇万人いると推定したという。つまり、新たに一五〇〇万人の研究者を社内に固定的に抱えることなく、P&Gは手に入れられる可能性があるということだ。新たに数百人、数千人の研究者を雇うよりもはるかに効率がよい。

外部化には別の効用があることも指摘されている。研究開発課題のうちの少なくない数は、その分野の専門家とは言いがたい研究者によって解決されている、というのである。「タコツボ化」してしまっている専門家ではない人間の視点を取り入れられるという意味でも、「イノセンティブ」

のような試みには大きな可能性がある。

「コピー・改造」（先行製品の単純な形状コピー）→「リバース・エンジニアリング」（先行製品の設計に機能的変更が加わる）→「フォワード・エンジニアリング」（独自のイノベーションを用いた製品開発）という流れが、後発メーカーの技術発展過程であるとされているが、それを問い直す必要があるのではないかと指摘しているのが、サムスンでCTOを務めていた吉川良三氏らの研究である。吉川氏らは、サムスンが日本メーカーなどよりも圧倒的に高い業績を誇っていることに着目し、サムスンが「リバース・エンジニアリング」によってR&D費用とマーケティング費用を節約しつつ世界各地域に適合した製品、またデザイン性に優れた製品を間断なく投入することによって、目覚しい業績をあげてきたことを明らかにしている。

欧米企業は、日本企業の製品が欧米企業のコピーであると馬鹿にし、いつの間にか競り負けてしまったという過去を持つ。日本企業は、かつての欧米企業のような失敗を繰り返そうとしてはいないだろうか？　新興国企業、後発の企業と別の場所で戦うことは可能かもしれないが、勝負に負けてしまうのでは仕方ない。

どこで差別化するか？

水平分業モデルを採用し、他社と同じ部品・部材を使い、誰とでも付き合うサプライヤーや製造委託先を使い、R&Dまでも外部化するという話をこれまでしてきたが、そこで生じてくる疑問は当然、どこで企業は独自性を出せばよいのか、ということだろう。

答えとしては、水平分業モデルにおいても投資すべきところには投資する、ということになる。垂直統合モデルに比較して、集中度の高い非常に選択的な投資となる点が大きな違いである。

コア技術に投資する

ハイパフォーマンス企業は、自社・他社が開発したかにかかわらず、いかに「ありもの」の技術を活用して、消費者のニーズを満たしていくかに努力している。

しかし、彼らは川上から利益を上げることをすべて放棄しているわけではなく、むしろ貪欲に追求している。中長期的な製品戦略を考慮したときに、差別化できる、あるいは多くの利益を得られる技術を明確化し、その付加価値の高い機能にのみ、自分たちの経営資源を集中して投下している。

ノキアは、地図、音楽、メッセージ、そしてメディアとゲームを顧客に付加価値を提供する自社の差別化技術と定義し、積極的に投資している。世界最大の地図メーカーの一つ、ナブテックを巨額で買収したのもその現われだ。二〇〇九年四月時点のカラスブオCEOのインタビューによれば、これらの差別化技術を用いた独自のサービスにより、顧客の再購買比率を競合他社の二倍である五五%前後にキープしているという。彼らの現在の戦略は、利益の取りにくくなった携帯電話端末製造事業に代わり、携帯端末において業界のプラットフォームを取ることである。その一環として、携帯端末用ＯＳの開発会社であるシンビアンの子会社化、合弁会社ノキア・シーメンスの設立、ソフトウェアや音楽・ゲームなどを販売するＯｖｉストアの設立などを行っている。

選択することに投資する（バリューネットワーク管理）

ハイパフォーマンス企業は、製品を作るのに必要な技術を世界中のサプライヤーや競合企業からくまなく探し獲得する努力をしている。その努力は、自社で開発するのと同等かそれ以上と言っても過言ではない。製造プロセスについても、実現可能な限りはできるだけ他社に任せる方針を採っている。このような自社／他社(外部)の選択を適切に行うことにより、差別化した技術を獲得しつつ、投資負担の軽い低コストのオペレーションを実施できるようになる。

このような適切な選択を行うために、ハイパフォーマンス企業では、「ビジネス・デベロップ部門」として、投資家的発想で製品や技術を判断する組織を抱えていることが多い。従来、Ｒ＆Ｄ部門の配下にあった、新技術の発見やライセンス売買は、経営と技術の両方を理解する「ビジネス・デベロップ部門」の人材が携わるようになってきている。彼らの経営的な視点に基づいて、パイプラインの開発権や販売権を購入したり、企業ごと買収したりといった活動が行われるようになりつつある。

特に、ものづくりに関しては投資額が非常に大きくなる場合が多いため、こうした組織の役割が重要性を増す。たとえば、新薬のパイプライン創出に課題を抱えることの多い製薬メーカーでは、ビジネス・デベロップ機能を強化しているところが多い。従来、研究開発部門が行っていたパイプラインの導入を、ヘッドハンティングや社内教育によって経営的観点のある人材も加わって判断させることで、機能強化しているのである。また、パートナー企業と業務統合を行うための仕組みにも投資をしている。

「擦り合わせ」への投資

「擦り合わせ」とは部品やモジュールを独自に設計し、互いに調整しながら組み合わせることで、高品質な製品を作り上げる作業または業務プロセスを指す言葉として定義されている。東京大学の藤本隆宏教授が著書『能力構築競争』などで、日本製造業の強さを支えるものとして指摘した。しかし、一方、「擦り合わせ」はコスト高で時間がかかるというマイナスの側面を持つ。つまり、「擦り合わせ」は単に標準部品を組み合わせて製品を作るのに比較して、部品の単価が高くつくだけでなく、設計などの労力と時間がかかる。

ハイパフォーマンス企業は製品の大部分は標準的な部品を使い、競争力の源泉になる部分にのみ「擦り合わせ」をして差別化しているようだ。

例として、競合他社がデジタルカメラ事業で低い収益性に苦しむ中、約二〇％という高い利益率を誇るキヤノンを見てみよう。キヤノンは前述のように、内製しているのは画像処理LSIと光学部品だけだ。外部調達した数多くの撮像素子と普及版コンパクトデジタルカメラから一眼レフと広い範囲の内製の光学部品を組み合わせて、キヤノンらしい画質を出すことがこの事業の成功の鍵だ。

そのため、キヤノンではこれらの撮像素子と光学部品の組み合わせたときに「キヤノンらしい画質の基準」を満たすように、LSIのパラメーターをテストを繰り返し調整していく「擦り合わせ」に多くの労力を投資している。これにより、撮像素子メーカーに主導権を握られずによりよい部品を選択して製品に活用できるという。

これまで見てきたように世界中の消費者の「ものづくり」への期待は高まっている。研究開発が複雑化し、長期化する一方、新鮮で安くていいものを供給し続けることが望まれている。これらの難題を解決するためには、これまで、日本企業が蓄積してきたノウハウを活かしながら、大きく発想を転換することが必要となる。

今まで通り、QCDを地道に向上することを推進していくとともに、投資家的発想で自社の強みとなる領域に自らの資源をフォーカスし、他は信頼できるパートナーとなる他社に大胆に任せることが重要になってくる。

第6章

オペレーション力——カイゼンから標準化へ

一九九〇年代初頭、欧米企業の間で「Execution as Strategy」という言葉が流行した。これは、経営戦略の「秀逸性」と戦略を実行する「オペレーション力」の二つと業績の相関を多くの企業について調査・分析したところ、経営戦略の秀逸性よりも戦略実行のオペレーション力の高い企業がハイパフォーマンス企業であった、という結果を発表した論文に基づく。

それまで欧米企業の経営トップの主な関心事は「経営戦略」であり、その戦略を実行する「オペレーション」ではなかった。それが、この論文の結果により変化し、彼らの関心は大きくオペレーション力の向上へと移った。現在ハイパフォーマンス企業と呼ばれる欧米企業の多くが、このときからオペレーション変革に積極的に乗り出し、ここ二〇年余りでオペレーションを大きく進化させている。

その後、オペレーション改革の手法として、一九九〇年代半ばからマサチューセッツ工科大学教授のマイケル・ハマーの『リエンジニアリング革命』をきっかけに、業務プロセスを軸としてオペレーションを改革するBPR（ビジネス・プロセス・リエンジニアリング）が出現し、日本企業も含め世界中の企業が取り組んだ。

二〇〇〇年頃からはＢＰＲなどの考え方をさらに進化させた、オペレーションの業務プロセス・組織・情報システムを同時に改革する「グローバル・オペレーティング・モデル」という、オペレーション改革の新しい考え方が出てきた。この考え方により、企業の関連会社を含めたグローバル・レベルで業務プロセス・組織・情報システムの徹底的な標準化・集約化を行う、「グローバル・ワン・システム」の構築が実現されている。

「グローバル・ワン・システム」では、現場の要望への柔軟な対応は少々犠牲にすることになるが、オペレーション効率と業務スピードの双方を飛躍的に向上させることができる。また、買収や地域拡大のスムーズな展開が可能になると同時に、ビジネスのボリュームが増加しても業務量は増加しないというメリットがある。

ハイパフォーマンス企業のグローバル・オペレーティング・モデルは「グローバル・ワン・システム」から始まり、現在では、オペレーション・プラットフォームにローカルのアイデアやニーズを反映させることによって、グローバルのスケールメリットとローカル適応の双方を充足するような進化を続けている。これを「スーパー・グローバル・オペレーション」と呼ぶことが多い。

このグローバル・オペレーティング・モデルの進化により、オペレーション担当者の業務も大きく進化した。日本企業のオペレーション担当者は、いまだに経理処理や従業員からの問い合わせ対応などの「トランザクション処理」がメインの業務であるが、ハイパフォーマンス企業ではトランザクションは自動化されており、オペレーション担当者の業務は、各機能の専門的な見地からの管理や仕組みの進化へ向けた検討や提案が主なものとなっている。

業務スピードの向上がオペレーション改革の本当のねらい

オペレーション改革というとコスト削減ばかりが注目される傾向にあるが、その本当のねらいは業務スピードを極限まで上げ、機動力を高め、強いビジネスモデルを作ることだ。業務スピード向上によるメリットとして、①ビジネスのスピーディな拡大、②ビジネスモデルの差別化、③リスク対応の柔軟性向上の三点が挙げられよう。特に現在のように、ビジネスがグローバルに展開し、世界経済のボラティリティが高く、ユーザーニーズが移ろいやすい場合には、こうしたメリットはいっそう大きな力を発揮する。

また、オペレーション改革により業務を「仕組み化」して業務スピードを向上させることは、業務に人手を介さないことを意味するため、実際には抜本的な業務コスト低減効果も期待できる。では、業務スピードの向上のメリットを順番に見ていこう。

ビジネスの拡大

オペレーション改革の実施は開発・生産・販売の業務連携を強め、製品の構想から上市までのスピードを上げることを可能とし、新製品の市場投入を売上拡大に結びつけることにも寄与している。

図6-1　企業のイノベーション度による業績のギャップ

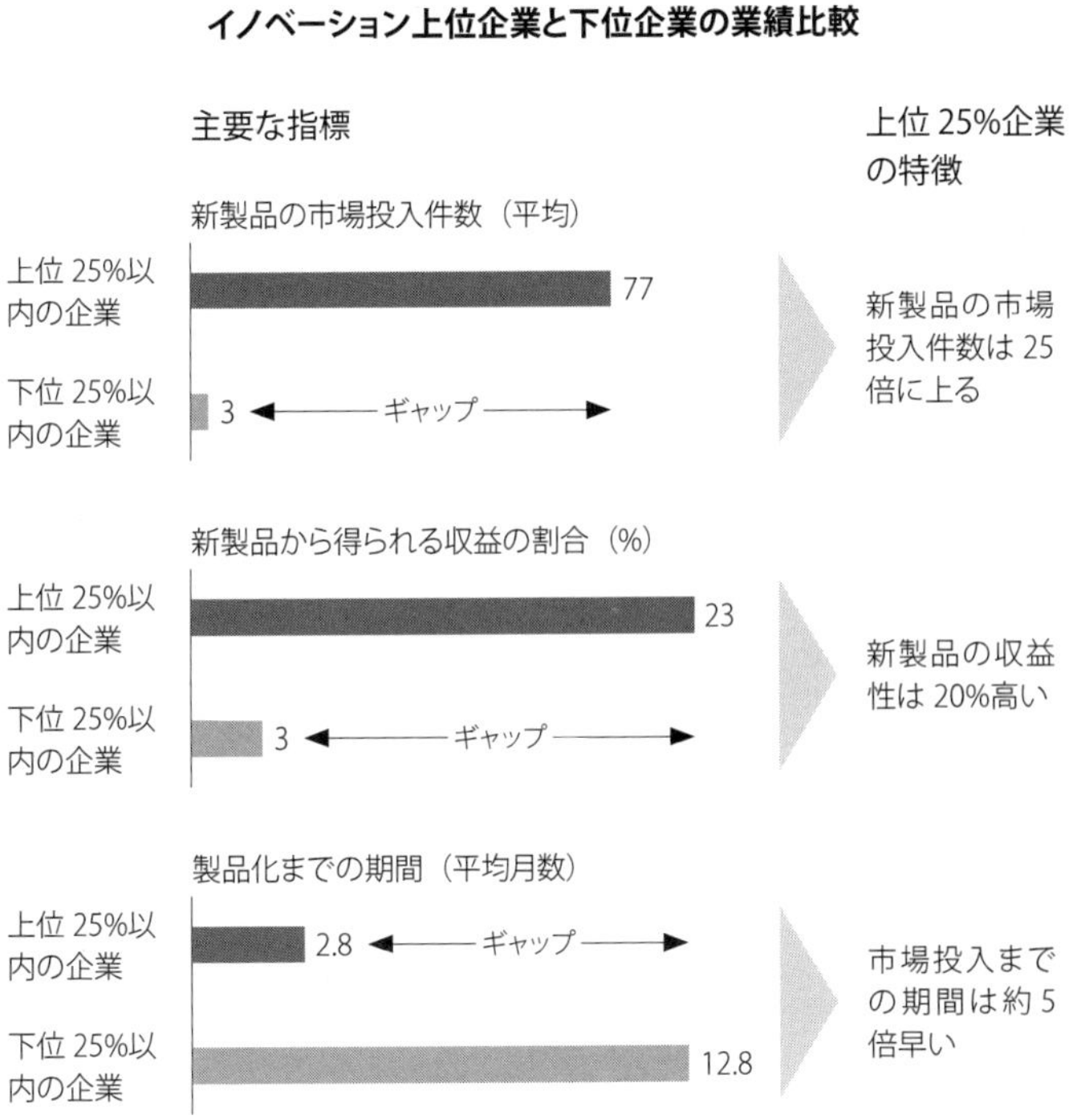

出所：アクセンチュア

R&D投資の大型化に伴い、ますますこの能力は重要になっている。

P&Gでは、一九九〇年代には製品構想から販売開始まで平均四年間かかっていたのを、オペレーション・プラットフォームの整備により二〇〇三年には一年半に短縮している。これによって二〇〇二年に、部品サプライヤーの製造工程のイノベーションをいち早く適用し、紙おむつの世界シェアを三年間で四%拡大するという成果をあげることができた。

消費財業界におけるAMRリサーチ社の二〇〇八年調査によれば「アイデア創出から店頭に製品が並ぶまで（Idea to Shelf）」の期間はハイパフォーマンス企業ではわずか七・五カ月（業界平均は三年）であり、業界平均の五倍のスピードだ。同時にハイパフォーマンス企業は新製品の市場投入数や全体の収益に対する新製品の売上比率、製品化までの期間ともに大きく業界平均をリードしている（図6-1）。

もう一つは、ビジネスの地理的拡大だ。新しい国・地域でビジネスを行うために財務経理・人事・サプライチェーンなどの業務システムを個別に整備していくと、市場に出るスピードは遅くなり投資もかさむ。オペレーション改革を実施してシステムなど業務のインフラを予め整備しておけば、新しい地域に進出するときも基本は「つなぐ」だけでビジネスが立ち上がるような状態に近づく。

実例としては、世界第三位の食品スーパーであるテスコがある。テスコは、業務運営から情報システムまでを全社的に標準化したテスコ・グローバル・オペレーティング・モデル（TOM）というものを保有しており、このTOMの活用によって、新規市場の迅速な拡大に成功している。世界中の全店舗において、同じテクノロジーとプロセスを用いて顧客の支払い、商品調達、店舗管理を行っているのだ。また、ネットワーク、音声電話およびＩＴアプリケーションを一元化し、財務・人事・営業関連の主要なアプリケーションまで標準化を推進中である。

企業買収を行う場合も、こうして整備されたオペレーション・プラットフォームがあれば統合スピードは大きく向上し価値の創出にも貢献する。先のＭ＆Ａの章で述べたセメックスの例はこのケースである。

ビジネスモデルの差別化

スピードを武器にすることで、差別化した高収益なビジネスモデルが可能になる。

世界的アパレルメーカーのザラは、スピードを武器にビジネスを広げてきた企業の一つである。ザラは、各国の旗艦店にデザイナーを配置し、彼らからの情報やデザイン画を元に地域ごとの流行・売れ筋商品を本社が吸い上げ、短期間にＧｏ／Ｎｏ Ｇｏの判断を下していくという仕組みのもとで動いている。本社の「Ｇｏ」の判断をスピーディに製品化し、自社工場で生産するＳＣＭの機能が非常に優れているのはもちろんのこと、本社が強い権限を元に次々に判断を下す仕組みを持っていることも特徴である。デザイン画の書き起こしから、実際に商品が世界各地の店舗に並ぶまでの最短期間は二週間といわれる。明るい例ではなく恐縮だが、九・一一の際には、ニューヨークの鎮魂ムードをいち早く察知したザラの現地スタッフが黒の商品を増やすよう本社に要請し、本社がそれにすばやく応じたことで売上を大きく伸ばしたという逸話もあるほどだ。追加生産なしの売り切りモデルを掲げており、在庫を抱えるリスクも少なく、業界屈指の高利益率を誇っている。

日本国内で若い女性顧客を中心に業績を伸ばしているアパレルメーカーのポイントも、商品開発のスピードが非常に速い。サンプル商品作成に約一週間、店頭に並ぶまでに約一カ月という、大手アパレルメーカーの三分の一から四分の一の開発期間を強みに、商品の鮮度をつねに保っている。ポイントの場合は自社でのデザイン・生産は行わずすべて製造元への委託であるが、商品の鮮度を保つことを重視し、追加生産なしの売り切りである点はザラとも共通する。

前章で挙げたサムスンも、リバース・エンジニアリングの活用により製品の開発スピードは非常に速い。新たな機能を盛り込んだ製品ではなく、機能・内部機構は変わらないがデザインの異なる新製品を矢継ぎ早に投入することで、消費者から見たときの商品の鮮度を保っている。高価格・高機能の製品が売れにくい新興国市場でサムスンが強さを見せるのは、この戦略が効を奏している結果であろう。

リスク対応の柔軟性向上

グローバルでオペレーション・プラットフォームの整備を進めることにより、製品供給までのスピードが向上され、需要の変動を感知しすばやく対応できるようになる。建機大手のコマツでは、自社が世界中で販売した建設機械の稼働状況を日本の本社から把握できる情報システムを構築しており、これによって世界各地の建設機械のニーズをリアルタイムで押さえることができる。自社機械の稼働状況に応じて製造をコントロールすることにより、過剰在庫の抱え込みといったリスクを回避することができるし、逆に稼働が好調な地域に対しては営業活動を積極的に行い、需要を自社に取り込むことができる。

「オペレーション改革＝コスト削減」という思い込みが中途半端な改革を招く

日本企業にとって、オペレーション改革の目的として真っ先に挙がるのが管理費の削減だろう。オペレーション改革による管理費の削減効果はそれほど大きくないとはいえ、軽視できないボリュームであることは確かだ。

多極化の影響で製品価格は低下する傾向にあるため、管理費削減の必要性は高まってきている。海外のハイパフォーマンス企業では管理費の大幅な削減を実施しているのに対して、日本企業では管理費が思うように下がっていない。

今後、日本企業が生き残っていくためにはさらに新興国市場を拡大していく必要性がある。しかし、現在のやり方を継続していけば、管理費はさらに大きく膨らんでしまうだろう。新興国でビジネスを立ち上げた当初にはビジネスボリュームがクリティカル・マスに達しないため、管理費ばかりが膨らむことになるからだ。

このような理由から、オペレーション改革を実施し管理費を削減することは日本企業にとって重要な課題である。しかし、オペレーション改革の主目的を管理費削減としてしまうと、日本企業では却ってオペレーション改革が進展しないリスクがあることを指摘したい。それは次のような要因による。

一つは、オペレーション改革の実行には経営トップの関与が必要不可欠であるにもかかわらず、管理費の削減は経営インパクトとしてそれほど大きくないため全社課題となりにくく、トップのコミットメントが得られにくいということだ。

オペレーション改革に当たって発生する人員のリストラや標準化などに対しては、現場からさまざまな抵抗が起こる。経営トップが関与し大きなパワーを持って抵抗を抑え、現場の理解を得ていくことが必要だ。後述するが、抜本的なオペレーション改革を推進するにはさまざまな部門にまたがって改革を行わなくてはならないため、経営トップが関与することで利害関係のある部門同士を調整することが不可欠となる。これがないとオペレーション改革は中途半端なものになり、管理費削減の効果も得られないまま終わる。

二つめは、管理費削減のためには、オペレーション改革によって業務が効率化された後に人員を「切る」ことが要求されることだ。そのために、人員のリストラができない企業は抜本的なオペレーション改革を行うことを躊躇する。第一章の図1-3で示したように、リストラの実施が社員のモチベーションを削ぎ、長期的に会社の業績にネガティブな影響を与えるという調査結果もあり、リストラ自体があまり推奨されるべきものではないことも確かだろう。とはいえ、改革実施を躊躇していると、コスト効率だけでなく業務スピードの向上も得られず、ビジネスにおける競争力が相対的に大きく低下することにつながっていく。

管理費削減を主目的とすることのリスクを踏まえた上で、次にオペレーション改革で着目すべき点について見ていくことにしよう。

細かい組織、細かい業務

日本企業において実際に行われているオペレーションは、現状、どのようになっているのだろうか。現在のオペレーションのコスト高やスピードの遅さは組織形態に起因する。日本企業の多くは、「地域・国×製品カテゴリー×機能」の三つの軸で細分化された組織になっている。これはグループ会社などでも同様だ。

細分化された組織構造においては、業務も組織ごとに分断されているケースが多い。そのため、各組織の責任者は個別に業務の効率性を追求するようになる。それに伴って、情報システムは独自に投資されて組織ごとの進化を遂げ、標準化とはかけ離れたものになる。その結果、部門内の業務に合致した効率的なシステムとなる一方で、部門間でシステムの重複が起きたり、部門をまたいだデータを取得するために手作業が発生したりする。すなわち、部門外の業務と何かしらの連携を取ろうとした瞬間に、業務スピードが著しく落ちることになるのだ。

また、細分化した組織単位で業務を行うことにより、ビジネスボリュームの拡大によるスケールメリットを活かせなくなるという弊害も起きる。取り扱い製品や地域展開などのビジネスボリュームが大きくなれば企業のオペレーションにかかる業務量も飛躍的に増加していくが、業務の標準化・集約化ができていれば、これを抑制することが可能である。細分化された組織がそれぞれの組織ごとに最適化された仕組みを使っていたのでは、それは不可能だ。各部門の個別努力による効率化のみに頼れば、「単純和」で業務量はさらに増加することになるだろう。

この「細かい組織、細かい業務」という現象は何も日本企業だけで起きているものではない。P&Gなど、海外のハイパフォーマンス企業も一九九〇年代前半までは細分化された組織を採用していた。その結果、企業としてのオペレーションの全体最適が無視され、製品の各国展開が遅れたり、製品開発方針が組織間で食い違ったりといった弊害が見られるようになった。そうした事態を経て、現在のハイパフォーマンス企業は業務の集約化や全世界で標準化された情報システムへの投資を行い、高い業績を築くことになったのである。

BPRはどうなったか？

「BPR（ビジネス・プロセス・リエンジニアリング）」という手法が、海外でも日本でもひところ流行し、海外の企業だけでなく日本企業の中でも積極的にこの手法に取り組んだところは多い。「日本企業もBPRで大きく改善されたはずだ」と思う方もいらっしゃるだろう。BPRへの取り組みは、現在どのように結実しているのだろうか。

BPRは、「細かい組織、細かい業務」を解消するための経営手法として、一九九〇年代半ばにマサチューセッツ工科大学教授のマイケル・ハマーが提唱したものである。

BPRには二つの大きなキーワードがある。「顧客志向」と「プロセス志向」だ。ハマーの唱える「プロセス」とは、組織の枠を越えた業務の一連の流れのことである。BPRの本質は顧客の価値に結びつく業務だけを選別し、「プロセス」を全社で一気通貫にすることだ。「プロセス」を切り口に改革を進めることにより、組織に変更を加えることなく、分断されていることで発生する業務の重複、手作業をなくすことができるというのがハマーの主張である。BPRを進めることで、理論的にはコスト面でも業務スピード面でも大きな効果が見込める。

BPR以前の組織をまたいで行われる企業改革は「組織論」から入る場合が多く、政治的要素を排除することが難しかった。組織間の権力争いのような企業価値に関係のない雑音が、どうしても入ってきがちであったのだ。BPRは顧客を起点とし業務の「プロセス」から改革へと入るために、そうした政治的要素を排除できるという点も新鮮であった。

こうしたメリットから、BPRに取り組む企業は多く、アクセンチュアでも数多くのBPRのプロジェクトを行ってきた。しかし、BPRによって抜本的な効果を上げた企業は数が少なかったようである。それには次のような原因が考えられる。

一つには経営トップのBPRに対するコミットメントが低かったことがある。組織変革には真剣に介入するが、プロセス改革には余り興味がないという経営トップは多く、起こりがちなケースである。

では、なぜBPRに経営トップが入らないとうまくいかないのだろうか？　それは、経営トップでないと組織の枠組みを越えた視点を示すことは難しいからだ。企業としての全体最適を語り、現場の抵抗や不満を抑えることができるのは経営トップしかいないからである。

組織の壁を破って一連の業務プロセスを整流化し、根本から効率を上げるというのは美しい思想であり、誰もが総論には賛成する。しかし、各論に入り、これまで自分たちで工夫して（組織内・部門内の）最適化を実現してきた業務の変更を強いられると、途端に抵抗が生じるのである。

たとえば、全国に二〇カ所ある営業拠点を集約して一カ所の営業事務センターを作ることを考えてみよう。一カ所に集約するには、これまで営業拠点ごとに違いがあった顧客との契約形態、事務作業などを標準化し、一つのやり方に統一しなければならない。各営業拠点の固有の慣習のようなものは基本的には排除することになる。その結果、以前は顧客の要望に応じた柔軟なサービスを行ってきていたものが、新しい営業事務センターでは一切そうしたサービスを受け付けなくなり、顧客へのサービスレベルは落ちる。また、営業拠点ごとに事務員を置いていたときにはさまざまな融通が利いたのに、集約された事務センターでは、定型的に業務をやってもらうことしかできなくなり、効率が下がる。そもそも、自分たちで効率のよい方法を編み出すという、今まで慣れ親しんできたやり方を放棄しなければならないような事態には、誰もが抵抗を示すのである。

また、事務作業の集約に伴って、人員リストラの対象となる事務作業員も出てくる。今まで一緒に業務を支えてきた同志のリストラは耐えられない、という想いが現場に生じ、抵抗を生むのは当然のことだ。

BPRには、こうした抵抗や反発に対して立ち向かい、現場の納得を得られるように全体最適の視点から語ることのできる経営トップの存在が不可欠なのである。しかしながら、これまで日本企業では、経営トップの深い関与が見られたBPRはあまり多くなかったのも事実だ。

BPRによる成果が今一つであったもう一つの原因としては、BPRが実は技術的な難しさを持っているという点が挙げられよう。

BPRを行う場合、現状業務の把握から始めるが、実はこの現状業務の把握自体にノウハウが必要なのである。現状業務の把握は現場の社員にインタビューしたりアンケートに答えてもらったりして行っていくが、自分の業務しか把握していない人が大半であるため、同じ業務でも担当者によってやり方が異なるということがしばしばある。そうした違いを考慮しながら、一つのプロセスの業務を最初から最後まで把握するのは大変な作業なのだ。

また、定常的な業務には非効率は生じていないということも、BPRを行う上で見落とされがちだが重要な視点である。非定常業務を業務フローに記述することが難しいのだ。

需要と供給の計画業務を例にとって説明しよう。業務フローとしては、営業部門が販売計画を、製造部門が生産計画を、調達部門が調達計画を、物流部門が出荷・受入計画を立案するというものになる。通常の業務フローは至極シンプルであり、滞りなく進むように見える。しかし実際には、販売計画を受けた製造部門にコア部品の不足が生じてしまった場合など、通常の業務フローにない業務が問題となるのだ。製造部門から部品不足の連絡を受けた調達部門が部品のサプライヤーと調整し、調整した結果を受けて製造部門は生産計画を、物流部門は出荷計画を、営業部門は販売計画を練り直さなければならない。こうした非定常的な業務においては、営業・製造・物流・調達部門、サプライヤー間など、部門や組織を越えた調整に工数がかかっているのだが、多くのBPRにおいてはこうした部分に光が当てられることがないまま終わってしまう。

このように、日本企業で行われたBPRは組織の枠に阻まれ、十分な結果を出せていない。BPRの強みが権力争いのような雑音を排除できることにあるとはいえ、組織の枠を越えた改革というのがいかに難しいかを表している。部門内改善にとどまらない、組織の枠を越えた改革に、日本企業は今からスピード感を持って立ち向かう必要があるのだ。

ハイパフォーマンス企業のオペレーション

❶「企画・管理」と「トランザクション」を分ける

オペレーション改革の第一歩は各組織内の「企画・管理」と「トランザクション」の業務を切り

分けることだ。その後、全社的に「企画・管理」業務と「トランザクション」業務とを集約する。

トランザクション業務のミッションは徹底的な効率化とする。効率化を徹底するために、社内にある同様の業務を標準化し、部門や拠点により処理方法や基準を複数並立させることがないようにする。たとえば、ある営業拠点では顧客からの入金について週に二回の〆日を設けているが、別の拠点では週に一回である、というような事態が発生しないようにする。標準化を進めるとともに、一連のプロセスに断絶がないように業務を設計する（一方の「企画・管理」業務のミッションは、分析・シミュレーション・企画立案や意思決定などである。企業がこれから強化していくべきはこの機能であるが、それについては後述する）。

「企画・管理」と「トランザクション」を分断してしまうと、組織運営がうまくいかなくなるという意見がある。組織の「頭脳（企画・管理）」と「足腰（トランザクション）」を分けることになり、そうなるといくら足腰を鍛えても思い通り動かないからだという。

たしかに、二つの機能を物理的に離して配置すると、管理者が自らの目で現場を見て、現場に対し口頭で指示することができなくなる。しかし、現在はＩＴが進化している。新しい情報システムを活用すれば、企画・管理部門が遠く離れていたとしても、現場への指示や結果のモニタリングはリアルタイムで、しかもかなり詳細に行うことも可能だ。

なぜ、「企画・管理」と「トランザクション」の業務を切り分け、別組織とするべきなのだろうか？

それは、「トランザクション」を究極のレベルまで効率化・スピードアップするためである。作業効率は「考えながら行う」と低下するし、誤りも増えるものだ。したがって、トランザクションの業務担当者が業務を行うときには、極端に言ってしまえばほとんど考えることなく手を動かすことができる状態となっているべきなのである。そして管理者は、業務担当者がいかに考えずにトランザクションを行えるようにするか、つまり、高効率な業務設計をすることに知恵を絞るのだ。

また、細かい組織のレベルで「企画・管理」と「トランザクション」が一体化していると、「企画・管理」側がトランザクション業務に対してさまざまな要求を出すようになる。そうなると、業務が標準化されるどころか、組織別の独自トランザクションが増えるばかりである。

以上のような理由から、この二つの業務を分けることが業務の標準化・効率化には必須だということになる。この切り分けの徹底に伴い、いわゆる本社間接部門の業務は、単なるトランザクション業務から、オペレーションの改革プロジェクトを行ったり、基盤を作ったりする「企画・管理」業務へ、すなわちより「頭脳」を必要とする業務へとシフトしていく。

❷世界中のオペレーションを集約化・標準化

オペレーション改革の第二歩は、「企画・管理」と「トランザクション」業務の分割をグループ企業も含め実行し、世界中のオペレーションを集約することである。

さまざまな業務を集約しても、オペレーションがバラバラだとなかなか大きな効果は出ないため、グローバルの標準オペレーションを設定し、それをグループ企業全体で使うことがハイパフォーマンスを実現する上で重要になる。

ただし、このオペレーションのグローバルでの統一化に際しては、国内の業務を標準化・集約化したときよりも、現場のストレスは一時的ではあるが、さらに多大なものとなる。どのようなストレスが生じるのか、それをどのように解決するのか、アクセンチュアを例にとって見てみることとしよう。

▼オペレーションのグローバル化に伴う一時的な不便（アクセンチュアの事例）

グローバルで、あるいは国内でオペレーションを集約することにより、さまざまな不便が生じるようになることは確かだ。事務処理を担当してくれる人間がこれまでは近くにいて、何かと相談に乗ったり融通を利かせてくれたりしたのに、物理的に離れた上に業務が標準化されてしまうとそういったことは一切できなくなり、なにかと不都合を感じるようになる。公共機関の窓口が時間ぴったりで閉まってしまうのと同じように、決められた時間内でしか処理を受け付けてくれなくなったり、決められた書式でしか手続きが認められなくなったりする。ルールと言ってしまえばそれまでだが、当初は戸惑いを感じざるをえない。

実際、アクセンチュアでも二〇〇〇年頃に日本を含むアジアのオペレーション業務を集約した際には同じようなことが起きている。このときに、日本・韓国・中国は中国の大連に、その他の国はマニラにオペレーション業務を集約した。日本と韓国もマニラに集約するという意見もあったが、さすがに英語での事務処理を突然社員に要求するのは厳しいだろうということで、日本語や韓国語の話せる人の多い大連でオペレーションを行うことに決めたのである。

管理業務を大連に移管したことによる変化は多大だった。現場の「わがまま」が一切通らなくなり、通常業務を行う上でしばしば不便が生じた。たとえば、日本国内にオペレーション機能を持っていた頃には、人事アプリケーションが使えなくなったときは社内のＩＴ担当者にすぐに電話し、自席まで呼び寄せて直してもらうことができ、自分ではほとんど手を動かさずに済んだ。しかし、その機能が大連に移った後は、まず大連に電話をかけて症状の説明をし、直すために自分で試行錯誤しなければならなくなり、修理には多大な時間がかかるようになった。もっと言うと、大連に業務を集約した当時はオペレーターの日本語もそれほど流暢ではなかったため、説明しているうちに日本語でどう言えばよいのか分からなくなったり、オペレーターの説明がよく理解できなかったりで、非常な不便を感じた。

▼トップダウンで現場のわがままを許さない

オペレーション業務の大連移管により生じたこのような不便に対し、わがままな日本人社員は声高に文句を言いはじめた。日本人のクレーム数は他国とは比べものにならないくらい多い（これはアクセンチュアだからというわけではなく、他社における多くのケースでも日本人のクレームの多さは際立っている）。大連の日本担当者はクレームに疲れ、日本側と大連の日本担当との関係は悪化し、深刻な状況に陥った。

こうした事態を見かねた当時の社長が次のようなアクションを打った。彼は非常に厳しい人物として社員からは恐れられていたのだが、ある日全社員に対して、「大連のオペレーションに関して文句のある場合は大連に言わず、俺に直接言って来い」とアナウンスしたのである。社員はこのアナウンスを受けて、これ以上文句を言うと大変なことになると考え、それ以降クレームは沈静化し大連との関係も小康状態となった。

▼一時的な不便を乗り越え、オペレーションが高度化

その後、半年も経つと大連のオペレーションには大きな改善が見られるようになっていた。私のアプリケーションにまた異常が生じたため大連に電話をしたところ、まず日本語が上達していてコミュニケーションに難がない状態となっていた。さらに、症状のタイプ別に要因と対応策がすでに整理されており、私に起きたのと同じような問題が他の国でも起こっていたため、電話で症状を説明すると一発完治するような情報をその中から与えてくれたのだ。オペレーションが集約されていなければ、他国の情報を取り入れるのにも時間がかかり、このようなすばやい対処は得られなかったかもしれない。オペレーションの集約化により、業務が高度化する事例の一つだろう。

現在では、オペレーション業務が大連で行われているのは社内ではごく当然のこととして受け止められており、以前であれば「不便」として感じられたであろうことも、社員にとってほとんど

当たり前のこととなっている。また、大連側でもサービス利用者である社員に対し、かなりの頻度で満足度調査を実施してサービスの向上に努めている。社員が「一時的な不便」を乗り越えたことで、オペレーション効率の向上が実現されているのである。

❸みんなで同じシステムを使う

情報システム化を細かい単位で行うことは危険であり、グローバル共通で「同じシステム」を使うことが重要である。細かな単位での情報システム化ではなく、グローバル・スケールでオペレーション業務を集約し、情報システムの活用によって標準化された業務をさらに自動化・セルフ化することでのみ、大幅な効率化とスピードアップが実現できるのだ。

日本では、先述の細分化された組織構造のために、これまでどちらかというと細かな個別業務を情報システム化し自動化することに力点を置いてきた傾向があるが、実は細かい業務単位での情報システム化による自動化では大した効率化効果が出ない。そればかりか、細かな情報システム化をたくさん行ってきたために、システムのはざまで手作業などが発生しているというのが実態である。日本企業の情報システム投資は維持コストの割合が多く、戦略的な投資にお金を使えていないと言われるが、細かな情報システム化はその大きな要因にもなっている。

再びアクセンチュアを取り上げよう。人事関連業務の例である。

オペレーション改革以前は、人事部門に用件のある社員はまずその用件の担当者を調べて、電話で問い合わせを行うことが必要だった。その場で回答できなかった場合、担当者は調査してからコールバックすることを約束し、その後自分で調べたり詳しい人に聞いたりして適切な回答を得た後に問い合わせた社員に電話する、という流れであった。社員には対応を待つ時間がかかり、人事担当者には多くの工数がかかる業務フローとなっていた。

しかし現在では、経費処理に対する疑問、休職・退職申請、福利厚生の施設の予約など、あらゆる事務処理が自動化され、社員用のポータルサイトを通じて社員は担当者との接触なしに自前で（「セルフ化」という）手続きを行えるようになっている。人事担当者の場合、セルフ化により社員からの問い合わせ対応は九割以上減ったという。ユーザーである社員にとっても、パソコン入力の手間は発生するものの対応のスピードは大幅に向上されたし、社員用ポータルサイトからアクセスできることで事務手続きを行う時間帯は自由に選べるようになった。あらゆる業務においてこうした事務手続きが「標準化」されており、使用するシステムは全社で共通していて、所属する部門によって変わるということはない。

先に挙げたのは自社内における「標準化」の事例だが、自社あるいはグループ会社内だけでなく、顧客やサプライヤーを含む「業界標準」に情報システムを合わせることはさらに大きな効率化を生む。「ものづくり」の章で見たように、今後はサプライヤーや製造委託先など外部のビジネスパートナーとの協業がますます重要になってくるが、業界標準を使うことによって業務統合や情報システム連携が容易になる。

この「業界標準」導入によるメリットをユニクロ（ファーストリテイリング）の事例から見てみよう。ユニクロでは以前、自前でシステムを作りこんでいたが、方針を変更して小売業界の標準のERPであるＲｅｔｅｋ（リテック）を導入した。

Ｒｅｔｅｋ導入に踏み切った目的の一つめは、業界標準システムが前提としている業務と比較することにより、自社の業務の特殊性を見直すことだ。当時業務システム部部長の岡田章二氏は「悪い癖を是正するため」と言う（http://premium.nikkeibp.co.jp/bits/bits_case/case14_01.shtml）。

二つめの目的は、Ｒｅｔｅｋの活用により、米国、英国やアジアなどの世界展開を進めやすくするとともに、新しい業態である低価格帯ブランドの「ジーユー」、及び靴の「ワンゾーン」などの買収企業に対する業務効率向上や経営可視化のスピードアップを図ることである。

三つめの目的は、ビジネスパートナーとの展開をスムーズにすることである。ユニクロでは製造委託先や倉庫業者にユニクロの情報システムを導入することを要求している。そうすることで生産進捗状況や部品在庫、仕掛在庫、流通在庫を含む在庫を正確に把握することが可能になるわけだが、その場合にユニクロ独自の情報システムよりも業界標準システムを使っていたほうが、時間的にもコスト的にも展開が容易である。特にユニクロのように海外展開を積極的に進めている企業の場合、海外の同業で広く使われている業界標準システムを使うことは強みにすらなる。

業界標準システムを使うことには、さらに、情報システムをつねに最新化できるというメリットもある。自社の独自システムに比較して、アップグレードに伴うメンテナンスコストを削減することができるのもあるが、もっと大きいのは近年注目されているクラウドコンピューティングやSaaSへのシフトである。これらの新しい仕組みを活用することにより、情報システムへの投資はより小規模になり、なおかつ最新の情報システムを取り入れることは容易になるのだ。情報システムを自社で所有する必要さえもなくなるため、クラウドコンピューティングやSaaSを利用して業界標準を活用するメリットはこれまでよりも大きくなってくるだろう。

「みんなで同じシステムを使う」場合の「みんな」は、必ずしも自社、グループ会社のみを指すわけではない。これからの情報システムは、サプライヤーや業務委託先など、関係する企業への広がりの中で使ってこそ、真にレバレッジが利くものなのである。

❹最適配置する――コストだけで選ばない

グローバルで業務の標準化を行う（オペレーションのグローバル・プラットフォームを作る）とはいえ、オペレーションを実際に行う場所（オフショア・センター）は三極に分けて配置するのが一般的である。三極に分けるとシフト制の勤務を伴わずに、二四時間体制で業務を行うことができるため、窓口の二四時間対応による顧客サービスレベルの向上や業務のスピードアップが可能になるというメリットがある。

三極に分けてオペレーション部門を配置する際の場所の選定だが、この手の検討に立ち会うと、多くの場合、人件費などのコストやカントリーリスクの議論が中心となる。安定したオペレーションを確保するために、これらの要素はとても重要だ。しかし、これら以外にも考慮に入れるべき要素がある。

コストに関連の強い要素としては、離職率や昇給率の問題がある。たとえばインドにおける離職率は、業界別に異なるとはいえ、概してとても高い（図6―2）。また、インドでは昇給率も高いため、いつまでも圧倒的なコスト差を維持することは難しい。

もちろん、配置した国においてコストが上がってきたら、再度コストの低い他国にオペレーション拠点を移すということも不可能ではない。しかし、それも拠点の規模によるだろう。アクセンチュアでも、インド

図6-2　インドにおける離職率

産業別離職率（2007年）（単位：%）

産業	離職率
音声をベースとしたBPO （Business Process Outsourcing：外部委託コールセンター）	50
小売	50
航空	46
金融	44
サービス	40
バイオテクノロジー	35
製薬	30
電気通信	27
IT	25
建設	25
資本財	23
日用消費財	17

出所：財団法人海外職業訓練協会／Retention.naukrihub.com, Attrition Rates in Different Sectors In India

に約四万人の社員を抱えており、彼らは世界中からサービスを請け負っている。コストが上がってきたからといって、このように巨大な拠点を閉じて、他に移すというのはあまり現実的でない。

オペレーション拠点を選ぶ際に、コスト以外に次の二点も考慮してはどうだろう。

一つは、戦略的マーケットに配置するということだ。以前は、メーカーがある国での認知度を高めブランドを構築するためには、そこに工場を建てるのが有効であった。それと同様の役割を、現在ではオペレーションセンターが持っている。人件費の高騰や高い離職率にもかかわらず、オフショア・センターとして中国やインドが選択されるのはそこに理由がある。

二つめは、低価格な単純労働から高付加価値なサービスの提供に転換できる潜在力を持った場所を選ぶことだ。グローバルの製薬メーカーでは、膨大な工数のかかる新薬の開発業務をインドに相次いで移管している。これまでは、臨床データ管理というITによって大きく効率化できる業務が移管のメインであったが、最近では臨床データを分析する「統計・解析」業務も、インドにシフトされはじめている。たとえば、日本の製薬会社大手エーザイは、インドを日・米・欧に続く第四の「知識創造拠点」と位置付け、重要な製品開発の拠点にすることをねらっている。インドは開発技術者が豊富であり、マーケットとしても魅力的であるため、前述の二点に合致している場所の一つである。

グローバル・プラットフォームの進化

ハイパフォーマンスを実現している企業では、どのようにしてオペレーションの「グローバル・プラットフォーム」を形成してきたのだろうか。ここでは、ハイパフォーマンス企業のグローバル・プラットフォーム形成の道筋を見ていくこととしたい（図6－3）。

グローバル・プラットフォームは一夜にして完成したわけでなく、数年単位で段階的に完成度を高めている。

第一ステップの「地域シェアード組織」は一九九五年代前後に行われた。地域レベルでの業務のプラットフォーム化による低コスト化が当時の主な目的だった。経理や人事などいわゆるバックオフィス・オペレーションのうちの「トランザクション」業務を集約し、低コスト地域にオフショア・センターを設置してオペレーションを行った。アジア地域のオフショア・センターは中国に、欧米はコスタリカ・アルゼンチンなどの中南米や、プラハなどの東欧やインドに配置される

図6-3　P&Gにおけるグローバルオペレーション向上の歴史

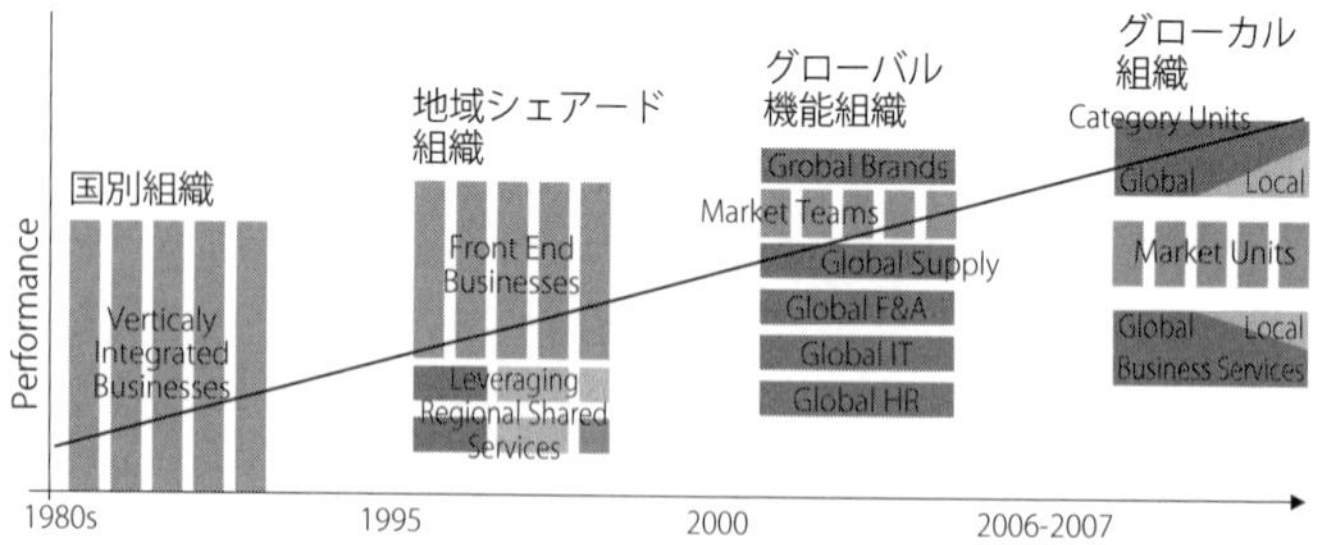

出所：アクセンチュア

ことが多かった。

サプライチェーンもリージョンでの集約化が行われた。たとえば欧州では、EUの発足・拡大による税制や規制の見直しにより、以前は各国に倉庫を持っていたものを汎地域的な物流オペレーションを行うように変化した。ある事務機器メーカーでは、それまでは国別に製品の保管倉庫を配置していたが、それをオランダに集約し、受注すると受注元の言語キットを倉庫でインストールしてそこから各国の販売店に配送するというオペレーションに変更した。これによって、各国の倉庫は廃止あるいは大幅に縮小した。オランダに倉庫を集約したために、輸送の過程もシンプルになり、劇的なコスト削減が実現したという。

第二ステップは二〇〇〇年前後から始まった「グローバル組織」である。「グローバル組織」の段階では「グローバル・ワン・オペレーション」をめざしている。このステップの目的は、グローバル・スケールの利用による抜本的なコスト削減、及び組織のグローバル化による組織機能の質向上である。

集約対象となるものは、第一ステップでは主に「トランザクション」業務であったが、このステップにおいては「企画・管理」業務も含むようになった。また、人事、財務・経理のようなバックオフィス・オペレーションやサプライチェーン（工場や調達含む）にとどまらず、R&D・マーケティング・IT・M&Aなどもグローバル化の対象となり、全世界で一つの組織を形成するようになる。

組織をグローバル化するとはいえ、業務を行う場所が一カ所になるわけではない。業務のかたまりごとの組織が世界中でネットワーク化され、オペレーションが行われる。このときには「本社」「本部」はどこかと問われても答えられない状況になる。たとえば、全世界の人事を統括する部門長はイギリスにいるが、採用担当部長はアメリカに、教育担当部長はオランダにいるといったように、一つの部門においても業務を行う場所はバラバラになる。物理的に離れた場所でそれぞれ業務を行っているため、テレビ会議や電話会議、メールにより連絡を取り合うことになる。テレビ／電話会議システムを用いているとはいえ、一～二週に一度は話し合う機会を持ち、意思疎通を図る必要がある。

第三ステップは二〇〇五年前後から始まった「スーパー・グローバル組織」である。「グローバル組織」までのステップでは、基本的にはトップダウンでオペレーションを標準化していた。基本的には、グローバル組織が定めた基準に合致しないものは認められないという方針であった。

しかし、このステップは、グローバル組織によりトップダウンで決められたオペレーションがローカルの状況に合わない場合に、ローカルに合わせた変化を取り入れ、より効率的なオペレーションを模索していくというステージである。このステップにおいては、オペレーション・プラットフォームの構築部隊はさまざまな国・地域から新しいアイデアやテクノロジー、ローカル・ニーズを取り入れてプラットフォームを進化させる。

「スーパー・グローバル組織」でのローカル・ニーズの採用方法は、「ものづくり」におけるそれとよく似ている。グローバルの方針にローカルは基本的には従い、オペレーションの標準化・可視化を損なわないニーズのみが取り入れられる。グローバル・プラットフォームに対して、ローカルに対応したモジュールを付加していくようなイメージである。こうしたローカリゼーションはグローバルの責任者と議論を積み重ねた上で実施される。また、ローカルからグローバル全体に適用可能な優れたアイデアが出てきた場合には、新たにグローバル・プラットフォームの仕組みとして採用される。

ローカルへの対応がどのように必要になってくるか考えてみよう。二〇〇〇年前後に、外資系企業が使っていた広告を思い出してみると、どこの企業のものも日本人の感情にあまり訴求しない内容が多かったように思う。アクセンチュアが当時TVで流していた広告は、鳥の群れが魚を捕らえるシーンを映し出したもので、「目標に到達するためには、組織全体の能力をひとつに終結させることが重要」というメッセージを伝えようとしたものだったが、日本人には「魚を捕える猛禽類（＝ハゲタカ外資?）」のような残酷なイメージを想起させてしまったようだ。クライアントからも、そうしたネガティブなコメントをいただいたことを私もよく覚えている。当時は広告、プレス発表、営業のための説明資料など、グローバルのマーケティング担当によって使うべきものがすべて一律に決められており、ローカルにおける独自の変更をすることは許されていなかった。他の外資系企業でも同様だったのではないだろうか。

「スーパー・グローバル組織」では、日本のマーケティング担当者も入って広告のパターンを作るため、日本市場に適したパターンがグローバルスタンダードとして承認される。また、プレス発表や営業用資料などもグローバルの承認手続きを踏む必要はあるものの、ローカル・ニーズを反映することができるようになっている。「スーパー・グローバル組織」では、このようにローカル・ニーズやローカルによる提案を聞き入れながら、プラットフォームを進化させているのだ。

「スーパー・グローバル組織」におけるもう一つの変化は、営業組織までもがグローバル化することである。営業はローカル業務と位置づけられてきており、圧倒的に現地の裁量に任されていた。しかし、顧客のターゲティングや訪問活動の効率性などを分析すると、ローカルで独自に行っている営業には非効率な部分が多いことが判明した。そのため、営業活動をグローバル標準プロセスにする企業は多くなってきている。

特に、市場が急拡大している新興国市場では、営業スタッフやマネジャーを大量採用しているために人材の質にばらつきがあることが多い。このような場合に、営業のグローバル組織が営業プロセスを標準化・可視化して管理指導することで売上を急速に向上させることが可能にある。標準化・可視化を浸透させるために、SFA（セールスフォース・オートメーション）などの仕組みを取り入れて成功している企業もある。

ハイパフォーマンス企業におけるグローバル・プラットフォームは、およそ以上のような過程を経て、進化を遂げてきている。順序としてはまず、「標準化」を進め、しかる後にローカルからのニーズやアイデアを組み込んで最適化していくということになる。

ところが、日本企業ではグローバル・プラットフォーム構築の第一段階とも言うべき「標準化」に対する問題を抱え、その先の段階になかなか進めないところが多いように思われる。また、オペレーション改革を実施した際に必ず発生する人材のリストラの問題も、日本企業のグローバル・プラットフォーム構築の足かせとなっている。次節では、そうした日本企業がどのように変わっていくべきかについて説明していこう。

日本企業のオペレーション改革への壁①——標準化への誤解を解く

標準化は日本企業においても一九九〇年代初頭から意識されてきた。しかし現実には、依然として標準化が進んでいない日本企業が多く、いまだに海外どころか国内でも別々のオペレーションを行っていたりするところも多い。たとえば、国内数十カ所の支店営業所単位で、業務のやり方が異なっているという例がある。

日本企業ではなぜ、標準化が進まないのだろうか。

「標準化」「マニュアル」といった言葉は、そもそも日本人には嫌われる傾向にある。標準化され、全員一律のやり方を強要されると、せっかくの日本人の「カイゼン」能力が死んでしまうという反論が起こる。この反論には、標準化に対する誤解があり、標準化の目的を問い直すことで答えられるだろう。

従来行われてきた「標準化」、一般的に知られている「標準化」の意味を考えてみると、たしかにボトムの「底上げ」のための、いわゆる教育目的が大きいように思われる。標準化し、マニュアル化することにより、誰でも一定レベル以上のサービスの提供ができるようになる。また、作業者は、マニュアルによって自分の責任範囲が明確になるため安心を得られる、ということもあるだろう。

日本では作業者のレベルが高いため、「底上げ」の必要性は海外ほど大きくはない。それどころか創意工夫をして業務を効率化していく能力まで持っている作業者が多い。また、自分の役割を拡大したいと思う人も比較的多いため、マニュアルを盾に自分の責任範囲を限定したいというような人も少なかった。そのため、日本企業にとっては企業側・従業員側の双方から標準化の必要性が小さかったというのは真実だろう。

しかし今日、標準化の目的は大きく変化している。オペレーションを行う場所は日本の中から世界の各拠点に集約され、日本を含めた数カ国、場合によっては数十カ国のオペレーションが一つの場所で行われることになる。そうした場合に、人によって、部門によって業務のやり方が異なる、というわけにはいかない。そのやり方がいかにその個人や部門において最適化されていても、である。異なるやり方が混在することにより、業務スピードは遅くなり、その遅さはコストにも響いてくるのだから。

これから行うべき「標準化」は、「底上げ」のためではなく、抜本的なスピードとコスト効率向上のための必須条件なのだ。そのように認識を変化させた上で、日本企業における社員、殊に日本人社員はどのように行動すべきだろうか。

社員は、従来のようにトランザクションの効率化のために創意工夫を図る「作業者」ではなく、各機能、たとえば人事なら人事、経理なら経理のプロフェッショナルになることに、今後は努力を傾けるべきであろう。すなわち、「トランザクション」ではなく、「企画・管理」の能力を磨いていくということだ。日本人の勤勉さや学習レベルの高さは、トランザクションの工夫ではなく、プロフェッショナルとしてグローバル・プラットフォームに新たな進化を提案することに使われるべきである。それはまた、各オペレーション拠点における人材と比較したときの、日本人のコストの高さからも当然要求されてくる能力であると考えられる。

日本企業のオペレーション改革への壁②——リストラ人材をどう活用するか

ここではオペレーション改革時に、ほぼ間違いなく発生する人材リストラについて考えてみたい。改革によりオペレーションを効率化しても結局社員をクビにすることはできないので、そこには労力を割きたくないという意見が出ることがある。たしかに、余剰人材を抱えたままではコスト削減は実現しない。また、組織に余剰人材を抱えたままでいると、その人材が新たな仕事を作り出し、不必要な仕事ばかりどんどん増えていくという傾向はどこの組織でもある。そのため、効率化によって発生した余剰人材の処遇をどうするか、というのは重要な課題だ。

リストラ実施時、優秀な人材に対しては密なコミュニケーションを取ることで辞められないようにつなぎとめ、そうでない人材に対しては早期退職優遇制度などの制度を導入して退職を促すというのが常套手段だ。前述のように、リストラをすると全社員のロイヤリティが低下し、後々の経営にボディーブローのように利いてくるため、できるだけこの常套手段からは離れるべきである。

いわゆるリストラに代わる手段の一つとしては、リストラを行わなければならない部門から「優秀な人材を出す」ことを考えてみるといい。そうして重要性が高い領域や有望な領域に割り当てるのだ（新規にせよ既存にせよ、人材を投じる価値のある事業を持っていることが前提であるが）。当然、当該部署からの反発はあるだろう。しかし、オペレーション改革によって部門内の業務が標準化されスリム化された場合には、「ダメな人」でも業務を回せるようになっている場合が多い。「ダメな人」にはこれまでの業務に携わってもらい、優秀な人には新しいビジネスを開拓する役割を担ってもらう。希望退職制度のように即効性のあるコスト削減手段ではないが、一～三年でしっかりとした事業基盤の充実を図るなら、「優秀な人を出す」ことは非常に有効な手段である。

ある住宅メーカーの例を出そう。そのメーカーでは、住宅着工数の減少に伴い、工場や管理業務の大幅なコスト削減施策を打ち出した。若干の希望退職者の募集を行ったものの、コスト削減施策の実施によって発生した余剰人員の多くは、今後の成長領域である住宅リフォーム事業に投入された。その結果、リフォーム事業は順調に推移して数年で業界トップクラスに成長し、今では収益の柱となっている。ちなみにこの企業では、リストラ施策を立てるのと並行して新たな成長領域の探索を行っている。当時リフォーム事業は、市場が細分化していて強い競合がいない、自社のユーザーの掘り起こしによりすばやい収益化が見込める、工場閉鎖により職場を失う技術者のノウハウが生きる、などの点が評価されて選定されたという経緯がある。行わなければならないリストラと今後の成長事業とをうまく組み合わせられたことは、この企業にとって非常に有利であった。

二つめに考えられる手段としては、必要度の低い部門ごと、社外のアウトソーサーに売却するという方法がある。自社にとって価値の低い機能を「本当に買ってくれるところがあるのか?」と疑問に思われる方も多いだろう。しかし、今では、ほとんどすべての業務においてアウトソーサーが出現している。改革を行った企業にとっては必ずしも「優秀な人材」でなくても、アウトソーサーにとっては貴重な人材でありうる。また、アウトソーサーにとっては、人員とともにその企業の業務を受託することによりビジネスボリュームが増えるということも大きなポイントだ。委託元が有名な企業の場合なら、顧客としてその企業名を挙げられるようになり、さらなるビジネス拡大も期待できる。このような理由から部門全体の買収に手を挙げてくれる企業があるのだ。

これらはほんの一例であるが、オペレーション改革によって発生した余剰人材を活用し、財務的な結果を生む手段は知恵を絞れば出てくるものだ。リストラができないからといって、オペレーション改革に取り組むこと自体をあきらめないでいただきたい。

日本企業のオペレーション改革をこう進める

以上で見てきたように、オペレーション改革は単に管理費を削減するという問題ではなく、ビジネスの競争力の根幹に関わる問題となってきている。小さなコスト削減施策の積み重ねでなく、「グローバル・オペレーション・プラットフォーム」という効率的な「仕組み」を作ることは、非常な労力を要する大変なことだ。しかし、ハイパフォーマンス企業がさらにオペレーション・プラットフォームを進化させている今、できない言い訳をしている時間はない。お祭り的な一過性の改善ではだめで、経営トップがコミットし、中長期的なロードマップを基に執念深くやり遂げる情熱を持って改革することが必要だ。

先述のように、ハイパフォーマンス企業は一九九〇年代の前半から二〇年近くかけて、グローバル・プラットフォームの構築を行ってきた。現在の環境を考えると、日本企業は同じことを三年くらいの短期間でやり遂げなければ手遅れになる可能性が高い。

そのためには、世阿弥の言葉で言うところの「修・破・離」のステップで行うことが重要である。「修」は師匠の教えをそのまま真似て基本的な動作を身につける段階、「破」は師匠の教えをすっかり身に付けた上でそこに自分なりの創意工夫を加え、いわば師匠の教えを破っていく段階、「離」はありとあらゆる手本から離れて自由自在な、自分独自の境地に至る段階である。つまり、日本企業は、ハイパフォーマンス企業がすでに構築しているグローバル・オペレーション・プラットフォームを徹底的に学び、真似るところから始めればよいのだ。

改革の推進役として第三者に支援を求めるのもいいだろう。私の知る限り、現在ハイパフォーマンス企業といわれる企業でさえも、自らの力のみでこのようなオペレーション改革を成し遂げた企業はほとんどなく、第三者の支援を活用してきて、ここまでのプラットフォームを築いている。

支援を行う第三者の役割において重要なことはまず、ハイパフォーマンス企業では何をしているのかというベストプラクティスを教えられること。次には、改革のスピードアップ、もしくは維持のためのペースメーカーとしての役割をこなせること。最後に、「グローバル・オペレーション・プラットフォーム」を構築するための企画力を持っていること、並びに仕組みを作りこむために惜しみなく労力を注ぎこめることである。

あらゆる手を使い、スピード感を持ってオペレーション改革をやり遂げていただきたい。

第7章

経営管理力——小さな本社から強い本社へ

国内外の経済予測、資源価格、為替、株式市場などの経営環境はめまぐるしく変化している。一方、投資家はアグレッシブな成長を要求すると同時に、売上や利益のほんのわずかな下方修正にも大きく反応する。

その変化にスピーディに柔軟に対応しながら、経営目標を達成することのできる「精度の高い」マネジメントの仕組みをいかに作っていくかが重要な課題となっている。

このような環境において、企業が高い経営精度を維持するためにすべきことは、「頭」と「体」が一体となって動く機動力を身につけること、すなわち頭から発する指令を手足の先まで瞬時に伝達すると共に、手足の先で知覚した変化を「頭」まで瞬時に伝達するような双方向の神経系統を発達させることだ。

本質的には、本社の意思を現場にしっかりと伝え、現場がその意思を環境の変化を乗り越え実現していくことに尽きる。そのためには「強い本社」の確立が何よりも重要である。図7－1に示すように、まず、現在日本企業の大勢を占める「放任経営」や「カリスマ経営」、その後に「強い本社」による「双方向マネジメント」の説明を順に行いたい。

放任経営の課題
——計画の立てっ放し、やりっ放し

今回の不景気によって、中期計画や事業計画を大幅に下方修正する企業が増加した。ハイパフォーマンス企業と比較して、多くの日本企業は下方修正の幅が大きい。その原因は、市場変化に対するセンシング機能が弱いことと、取るべきアクションが十分に取れていないことだろう。企業における神経系統ともいうべきものが断裂している状態だ。このような断裂は、現場に任せっぱなしの「放任経営」においてよく見られるものであるが、現在のように環境変化が激しいときには「放任経営」の問題点が如実に出る。

いかに「放任経営」に陥っている日本企業が多いかは、「海外販売会社の情報は財務会計を集めるのが

図7-1　経営管理方式

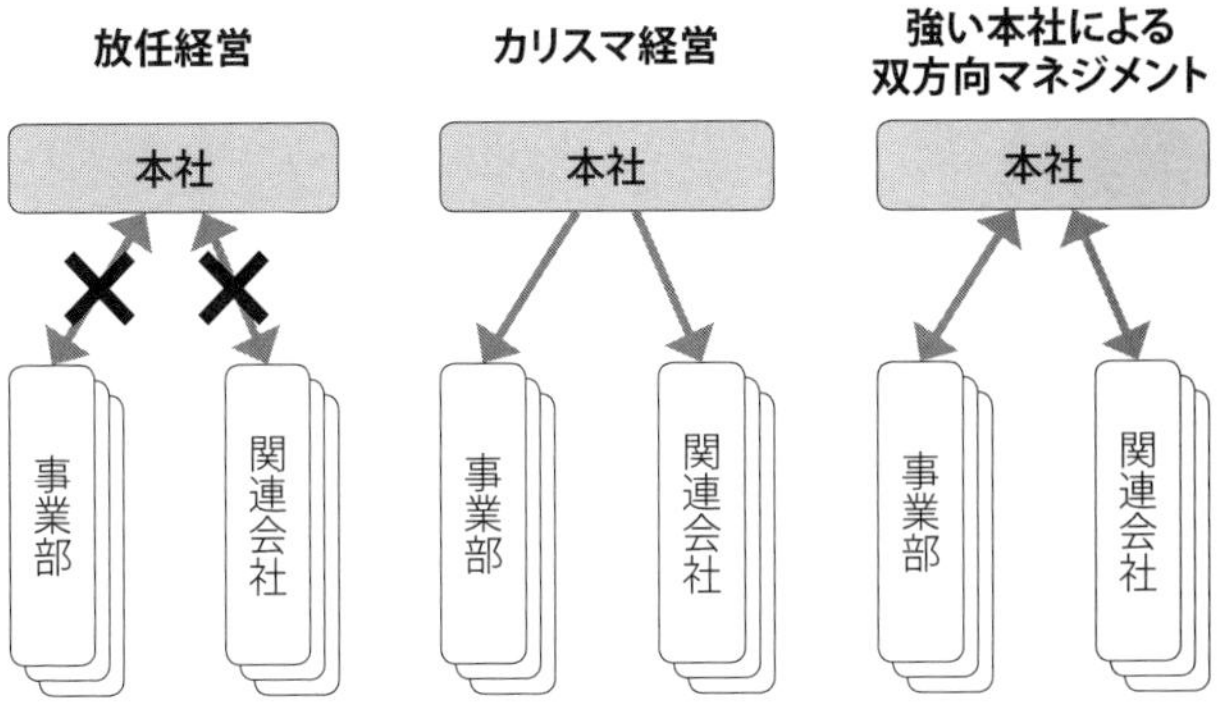

出所：アクセンチュア

やっと」という、とあるエレクトロニクス企業の幹部の談にも表れている。適切な意思決定のためには、管理会計を行うことが必要であると認識はしているが、現実にはできていないというのである。その企業は、海外売上比率が五割を超える、名実ともに日本を代表する企業である。そうした企業であっても、過半の売上を占める海外をほとんど管理していないに等しいのだ。

放任経営は、一九九〇年代半ばに多くの企業が取り組んだ「小さな本社」の副作用ではないかと私は考えている。「小さな本社」という活動は、本社の管理志向のために現場の意思決定が遅れ成長機会を逸しているのではないかという反省や、過大な本社コストの問題から生まれた。本社の機能の多くを現場に委譲し、本社をスリム化することにより、そうした問題を解消しようとしたのである。

その結果、「本社」は中途半端な存在になってしまった。スリムにはなったものの、筋肉まで削ぎ落としてしまったようだ。現在多くの企業において、本社の役割は情報や管理資料を現場に要求し、経営陣の会議に必要な資料を作るという内向きなものに成り下がっている。さらに、情報を分析して適切な判断を下すという能力も、実はそれほど高いわけではない。現場から見ると、本社は現場に対して役に立つアドバイスをくれたり的確な判断を示してくれたりするどころか、頭でっかちなことを言ってくる「やっかいもの」の存在になっている企業が多い。それに気づいているために、本社側もあまり積極的に現場の経営に参画しようとしなかったりもする。

放任経営でも、実際にそれぞれの現場が、また企業全体がうまく回っているなら構わない。放任経営は、各組織のリーダーに最大限の権限委譲を行うため、うまくすればモチベーションを高めることも可能だ。しかし現実には、放任経営は各組織のリーダーの能力や資質に依存するところが大きすぎる。どの程度ストレッチした目標を設定するかもリーダーの資質により異なるし、目標の実現能力もリーダーにより大きくばらつく。場合によっては、目標を設定して本社に提出するところまでおしまい、となっていることもあるだろう。いわゆるPDCAサイクルを回すどころか、計画の立てっぱなし、やりっぱなしの状態になる恐れすらある。

このように各組織のリーダーに依存するだけの形では、業績が不安定になる可能性は大きく、企業としての継続的な成長は期待しづらい。業績や組織のカルチャーがリーダー個人に依存するようになるため、コンプライアンス・リスクが発生しやすい経営スタイルであることもネックである。

なぜ放任経営になっているのか？

このような放任経営に陥ってしまっている企業は少なくないわけだが、前述のエレクトロニクス企業のように放任経営の問題に気づいている企業もまた少なくない。では、なぜ問題に気づいているのに放任経営が改善されないのだろうか。

一つには、本社がどのように現場を管理していいかが明確でないからだ。よくありがちな本社と現場との関係は、本社が現場にいろいろと要求するだけになっているというものだ。現場に情報提出を要求してくる割には本社からの適切な助言が得られるわけではないとか、オーバーヘッドコストという形で本社に多額のお金を支払わされているのに現場は満足するサービスを受けていない、といった不満が現場には堆積しがちになる。そういう関係において、現場に対してどのように関与・管理すればよいか本社はよく分からなくなっており、積極的に関わるのをどうしても避けるようになる。

もう一つには人間関係の問題がある。本社社長が、関連会社や事業部との関係を疎かにしている理由として、各組織のトップ同士の年次の問題や国籍の問題がある。関連会社社長や事業部長が「昔の上司・先輩」だった場合、日本人は年齢や年次を重んじる傾向が強いため、真っ向から介入せずに済ませようとする。また、海外法人や事務所に対しては、欧米人は介入されるのを嫌がってやめてしまうのではないかという思いこみのために、あまり介入しないこともある。こうした理由から、管理が緩くなっていってしまうのだ。

カリスマ経営の課題――本質は「中小企業」の経営

日本にはいくつかのハイパフォーマンス企業がある。その多くは、カリスマ経営者あるいはオーナー経営者のいる企業だ。近年、ファーストリテイリング（ユニクロ）の柳井社長、スズキの鈴木社長など何人かのカリスマ経営者が現場復帰をして、著しく企業業績を改善させている。トヨタ自動車も今回の金融危機による業績悪化を受けて、創業家である豊田家への大政奉還を行い企業業績の回復をめざしているが、これも一つのカリスマ経営を志向したものであると考えられる。

カリスマ経営者は概して、直観力に優れており、企業全体を束ねる大きな戦略から細かな現場活動までをくまなくマネジメントしている。成功しているカリスマ経営者に共通する特徴は、明確な中長期戦略を持っていること、現場まで広く歩き回っていること、問題点やリスクを独特の嗅覚で把握し、解決のためのアクションを提示することができることなどである。また、彼らが描く戦略に対し、社員は「あの人が言うことだから成功する」という確信を持つことができ実現に向けて納得して行動するため、末端まで機敏に戦略が実行されるという点も共通する。

しかし、基本的には、カリスマ経営が機能するのは「中小企業」においてであり、売上一兆円、社員一万人を超えるような企業をカリスマ経営で管理することは、一般には非常に困難である。数ある経営者の中でも、ほんの一握りの経営者しかカリスマ経営に成功していないことがそれを示している。スズキの鈴木修社長が『俺は、中小企業のおやじ』という著作を出しているが、スズキのような大企業がカリスマ経営で成立しているのは、鈴木社長の非凡な能力があるからこそである。通常は、ビジネスを拡大する中で、ライブドアやコムスンのように瞬く間に経営が危機的な状況に陥る可能性を孕んでいるのがカリスマ経営である。

いかに、カリスマ経営のスタイルで大企業の経営が難しいかは、日本電産の永守社長の次のような言葉に端的に示されている。「今の僕の経営スタイルというのは次の人では無理ですわ。集団指導体制にならなければね。一方で、社長は育成してできるものではないのですよ。交代を無理にすると、次々に社長が替わることになりかねません。実は、ついこの間までは『売上高が一兆円になったら会長に』ともひそかに描いていました。が、今回のクラッシュに直面して、あと二〇年は続けようと考え直しました。周囲には『しばらく社長になる目はないぞ』と言っています（笑）」

カリスマ経営は企業規模や従業員数の増大とともにリスクが増加する。事業リスクとしては、経営者の健康問題があり、これは経営者の高齢化とともにより深刻化する。CEOのスティーブ・ジョブズの健康問題が取り沙汰される度に株価が大きく変動するアップルなどが分かりやすい例であろう。また、カリスマ経営者は直感を重要視する傾向が強いため、その直感が狂った場合のリスクもある。カリスマ経営者の独自の価値観に基づいて経営が行われていることもリスクの一つである。本人の価値観に偏りがある場合は、カリスマ経営はすぐに崩壊してしまう可能性がある。特に今後は、社員が世界の各地域に分散し、多様な人種や民族、さまざまな価値観を持つ人々から会社が構成されるようになるため、コンプライアンス・リスクを軽減するためには多くの人に受け入れられる多面的な価値観を含んだ経営理念や価値観を掲げることも必要になる。

米国の電子・電気機器メーカーであるエマソンは四三年連続で最高益を達成し、一九五八年から五二年連続で増配を達成している超優良企業である。エマソンの元CEOであるチャールズ・F・ナイトは次のように語っている。「(私がCEOに着任した当初) エマソンが必要としている最大のものは、後に私が〝マネジメント・プロセス〟と呼ぶようになるものでした。なぜなら、エマソンは売上高が一〇億ドルに迫る規模に達しているにもかかわらず、一〇分の一の規模の時代の組織や経営を引きずっていたからです」

エマソンは、「カリスマ経営」ではなく優れたマネジメント・プロセスにより好業績を維持していることで知られる企業である。安定した成長を追求した結果、一人のカリスマ経営者ではなく優れた経営陣による経営という結論に達した企業のCEOの言葉には、耳を傾けるべきところが多い。

ハイパフォーマンス企業のマネジメント――強い本社による双方向マネジメント

ハイパフォーマンス企業では、本社が現場に高い目標を持たせていると同時に、現場のマネジメントが徹底されており、高い目標が実現されている。また、本社・現場の両方が環境の変化をいち早く知覚し、対応策を講じることができている。こうしたことを実現するためには、現場に対する本社の強い力、現場のリーダーの能力・資質に加え、いわゆるPDCAサイクルのような「マネジメントの仕組み」を回すことが重要である。

多くの企業では、マネジメントの仕組みがうまく回っているとは言えない。現場では予算編成という目標設定は時間をかけて行うが、設定後には資料は机の引き出しにしまってあるというのが実態であろう。なぜなら、立てた目標のマネジメント（＝管理）は目標を設定する以上に、非常に時間と手間のかかる大変なことだからだ。ほんの一握りの「生まれながらのリーダー」以外は、通常のオペレーション業務に忙殺され、マネジメントには時間が割けない場合が多いのだ。

マネジメントのあるべき姿は、現場の役に立つ「強い」本社であると同時に、本社と現場のお互いが教えあい相互に仕事の質を高めるような「双方向マネジメント」が実現されていることだ。

本社は何をすることで「現場の役に立つ」ようになるのだろうか？　一つには、できるだけ現場が労力をかけずにすむようなマネジメントの仕組みを作り、現場を支援してあげることだ。たとえば、目標設定のための外部情報や社内情報の収集、目標の達成率の取りまとめなどの資料作成の業務などは本社が担う。そうした情報を基に、現場とともに目標達成のための課題やアクションを一緒に考えていくのだ。

だからといって、また昔のように「大きな本社」に戻すべきだと言っているわけではない。本社に在籍するのは少数精鋭のメンバーのみでよいし、一カ所のオフィスに本社メンバーを集結させる必要もない。情報システムの発達により、市場や自社経営状況の把握や分析は抜本的に工数が削減され、多くの人数を必要としなくなっている。また、同じく情報システム・通信ネットワークの発達により、従来の「(物理的に)一カ所に固定した」本社組織も必要なくなっている。世界に散らばる組織から、最適な人を本社業務にアサインするためには、物理的に引越ししてもらって、一カ所に集めるのはあまり現実的でない。そのため、本社機能は世界中に分散し、いわば「バーチャル本社」になる。

たとえば、アクセンチュアにもいわゆる「本社」がない。アクセンチュアはシカゴで創業し、長年シカゴにあるオフィスが本社的な役割を行っていたが、現在は人事部門のトップのみが存在している。本社機能の中枢であるＣＥＯはボストン、ＣＯＯはオースチン、ＣＦＯ・ＣＭＯはニューヨーク、経営コンサル部門のトップはロンドン、ＳＩ部門のトップはフランクフルト、アウトソーシング部門のトップはダラスといったように、世界中に分散してマネジメント機能を担っている。彼らは、世界の経済情勢のような大局的な情報から、自社組織の末端に至るまでの細密な情報（たとえば、日本法人のスタッフ一人ひとりの稼働率のような）までをも持っており、その圧倒的な情報量と分析を元にさまざまな判断を下したり、現場へのアクションを促したりする強い力を持っている。その一方で、現場への裁量も多く残されており、双方向のマネジメントが実現されてもいる。アクセンチュアのマネジメントについては、後段で改めて紹介しよう。

マネジメント・プロセスの構築

マネジメント・プロセスとはどのようなものであるべきだろうか。

ピーター・ドラッカーは『現代の経営』において、管理者の仕事を次の五つの機能に分けて説明している。

①目標設定

②仕事の構造化と実行準備（仕事と人を組織する）

③動機付けとコミュニケーション
④評価測定とフォローアップ
⑤人材の開発

『現代の経営』は一九五四年に出版された本だが、ここで述べられている内容は現在でも十分通用するものである。この分類に基づいて、現状、多くの企業で行われているマネジメント・プロセスを概観してみよう。

「①目標設定」に該当する予算策定は、どこの企業でも時間と人手をかけてしっかりと行われている。予算策定は年に一度の大きなイベントであり、他の重要な業務を後回しにしてでも行う最重要業務の一つと見なされている。最近は四半期決算する企業が増えて予算の見直しも四半期で行われるようになり、ますます予算策定に人手がかかる傾向にある。

しかし、せっかく多くの時間をかけて予算策定しても、それを実現するための②以降の活動が実施されていない企業が多い。

たとえば、次のようなポイントが満足にできている会社は稀だ。

②について：会社の目標が組織の末端まで展開されており、各自のアクションと企業パフォーマンスの関連が明確になっている。

③について：目標と役割を部下と共有できており、目標の達成度と処遇との関係が明確になっている。

④について：実績のタイムリーな把握と予測から、目標達成のための追加アクションが明確になっている。

⑤について：人材開発プロセスを通じて、部下のマネジメント能力を育成している。

これほど古くから指摘されており、これほど単純なことがなぜ実行できないのだろうか？

『七つの習慣』でスティーヴン・R・コヴィーが指摘しているように、人は緊急度と重要度のマトリクスがあったときに、緊急度の高い作業に優先度を高める傾向がある。

マネジメント業務というものは一般に、重要度は何よりも高いが比較的緊急度が低い。したがって、現場のリーダーは日常業務のさまざまな緊急対応に追われ、本来実施すべきマネジメント業務が後回しになりがちだ。そのため、各現場においてマネジメント業務を実行させていくには、本社側でマネジメント業務がやりやすくなるような仕組み作りをして現場を支援することが必要だ。簡素で実行しやすいマネジメントの仕組みを本社が作り、①から⑤のポイントそれぞれにおいて現場を支援して、現場のリーダーがしっかりとマネジメント・プロセスを回すように指導していくことが求められている。

具体的なマネジメント・プロセスについて、私の所属するアクセンチュアの事例をご紹介したい。

アクセンチュアは現在、世界中の五二カ国に約一八万人の社員を抱える組織である。アクセンチュアは他社のベストプラクティスを調査した結果を踏まえマネジメント・プロセスを設計しているので、ハイパフォーマンス企業のエッセンスが含まれたものと考えてよいだろう。

アクセンチュアのマネジメント・プロセス

アクセンチュアのマネジメント・プロセスは全世界レベルでの標準化が進んでいる。情報システム化を進めることにより、マネジメント業務をかなりの部分で自動化できていることも特徴だ。また、本社が現場をサポートし、現場の負荷軽減に最大限の努力をしていることも分かっていただけるかと思う。

❶目標設定

目標設定の考え方は、基本的にはバランスト・スコアカードに拠っている。アクセンチュアではそこに変更を加えて、三つの要素（「Value Creator」、「Business Operator」、「People Developer」）とし、これらの要素について組織も個人も目標を設定する。三つの要素の定義は次のようなものだ。

①Value Creator：クライアント（顧客）にどのような価値を提供しているか。クライアントへ提

供する製品・サービス開発目標などもここに含まれる。

②Business Operator：アクセンチュアの財務的な売上、利益にどれだけ貢献しているか。また、アクセンチュアでは人件費がコストの多くを占めるため、社員の稼働率もここに含まれる。

③People Developer：人の採用、教育、組織への帰属意識の向上にどれだけ貢献しているか。また、個人に対しては部下・同僚による評価の点数が含まれる。

この三要素はCEOから新入社員までどんな階層（クラス）でも共通のものである。階層によって売上や利益目標などの値は当然大きく異なってくるが、詳細な評価項目までほとんど同じだ。スコアカードは、先ほどの三要素のそれぞれをさらに三〜五項目に分類した合計一〇項目程度のもので、紙一枚にゆうに収まる。アクセンチュアの社員は通常、つねに携帯するようにしている。また、同じタイプの組織や人のパフォーマンスがグローバル・レベルで横比較できるように、スコアカードは標準化されている。たとえば、アメリカのアウトソーシングのリーダーと日本のアウトソーシングのリーダーはまったく同じスコアカードを使っている。

目標値の設定はトップダウンでスタートする。各組織や各人のクラスに応じた目標値が、本社から「ガイドライン」、あるいはドラフトとして送付されてくる。これらは会社の戦略、市場の分析、その組織や人の過去の実績などから決められている。

現場は本社案に対して、顧客別製品サービス別に期待売上や利益をボトムアップで積み上げる。

本社の送ってくるガイドラインと現場の積み上げ数値の間にギャップがある場合は、現場からは実行の難しさなどをフィードバックとして本社側に提出する。しかし、公開企業である以上、全社での業績目標を動かすことは難しいために、現場からのフィードバックによる目標値の大きな修正はほとんど行われない。それどころかギャップを埋めるための打ち手を出すよう本社から要求される。とはいえ、本社は材料なしに打ち手を出せと言ってくるわけではない。つねに、目標値の根拠となる市場データや、アクションを練るための何らかのアイデアやベストプラクティスを現場に提示してきた上で、そうした要求をしてくるのである。

ここまでお膳立てしてもらうと、実際の現場の作業は非常に簡単になる。基本的には目標値の項目を考える必要がなく、値もガイドラインが入っているので、どうしても追加したい項目のみ追加し、どうしてもガイドラインから変更したい数字だけ変更すればいい。

目標の見直し頻度は、市場や会社業績の変動幅により異なる。マーケットが安定しており、業績が順調なときには四半期に一度の見直しが行われているが、リーマンショック以降では、見直しは月に一度の頻度となっている。

❷仕事の構造化と実行準備

目標設定においては顧客別製品サービス別に売上を積上げるが、ここではその実行責任者を決める。

また、目標値とボトムアップによる積み上げのギャップを、どのような新しい打ち手、新しい成長のためのアクションで埋めるのかを検討する。積上げ数字を達成するためのアクション、新しい成長のためのアクションを細分化し、役割を明確にして責任者をアサインする。

このプロセスも、本社から多くの支援を受けることができる。本社は各国のリーダーとのディスカッションを通じ、成長のためのアイデアを集約した後、各国のリーダーに対して提案してくる。また、このプロセスにおいても、目標設定のときと同様、本社からアクションプランの雛形が送られてくる。雛形とはいっても、アクション項目にはすでに取るべきアクションが本社によって埋められている状態になっている。現場はそのアクションを取捨選択し、ないもの・現場側でぜひ入れたいものについては追加記述して、担当者の欄に名前を入れて本社に提出すればよい。

提出期日の数日前になると、「何月何日何時が提出の締切です」というリマインドのメールが本社から送られてくる。締切日を過ぎても提出しない者には、期日を過ぎると再度メールが送られてくる。それでも提出しないと、今度は直接本社から電話がかかってくる。電話口では、提出していないことを叱られるというよりは、いろいろとヒアリングし、書き取ってくれて「宿題」を仕上げてくれる。至れり尽くせりといってよい。

❸動機付けとコミュニケーション

アクセンチュアでは評価と報酬は直結している。言い換えると、報酬は各自の属する階級（クラス）

と評価（順位）によって決まってくる。すべてのクラスにおいて評価は五段階に分かれており、それぞれの人数分布が決められているため、順位に応じて評価が決まるのである。

各階級別の目標項目も目標値ガイドラインもグローバルで標準化されているため、組織や人に対する評価はとてもシンプルだ。本社がスコアカードの目標と実績が記述された評価対象者全員のリストを送付してくる。そのリストには個人のスコアを基に、各人の順位の叩き台が作成されている。それを元に評価者が電話会議で議論して、定性的な項目を加味した上で最終的な順番を調整する。たとえば、シニアエグゼクティブと呼ばれる最高レベルの階級の管理職に対する評価は、本社の作成した叩き台を元に、グローバル事業本部ＣＯＯとグローバル人事トップと各国事業本部代表が電話会議で集まって議論を行う。各国事業部代表が、それぞれの国に所属するシニアエグゼクティブの評価の叩き台について意見をプレゼンした上で、合意を得て最終的な順位を決めている。

ちなみに、シニアエグゼクティブの報酬は階級と評価によりグローバル・レベルで「標準報酬」が決まっている。その「標準報酬」に対し、各国の状況に合わせて定められた係数を掛け、実際に支払われる報酬が算出されるのである。

報酬にリンクする正式な評価は年次で行う。しかし、年間一回の評価のみだと、評価者である上司と評価対象者の部下の間で、評価に対する認識にギャップが広がることがあるので、その問題を避けるために、最低、四半期に一度、現状の評価についてのフィードバックが実施されている。この四半期に一度のフィードバックは、通常業務に紛れて忘れられがちだが、本社による頻回のリマインダと、実施状況のモニタリングにより一〇〇％達成が可能になっている。

社員に対するコミュニケーションに関しても、本社からさまざまな支援が得られる。全社戦略、制度変更、評価のスケジュール通知などグローバルで共通に使用するものは、本社が電子メールや社内ホームページなどの雛形を準備してくれている。各国事業本部でやらなければならないのは翻訳と若干の修正を加えるのみであり、現場の負担という意味ではずいぶんと軽くなっている。

❹測定とフォローアップ

事業の状況の測定と、原因の追究・分析、及び改善のためのアクションについての議論は、アクセンチュアでは平時においては二週間に一度行われている。私が所属する経営コンサルティング本部を例に説明すると、グローバル本社（事業本部ＣＥＯとＣＯＯ、グローバル人事、グローバル・ファイナンス他）と各国の経営コンサルティング本部代表が集められ、二週間に一度、電話会議を行う。その場で、本社から先述のスコアカードに基づいた分析レポートが示される。

そのレポートの視点は二つある。

一つは計画との比較である。各国別に計画と実績の比較だけでなく、計画と四半期の残りや翌四半期までの予測値との比較も行う（予測値は本社が独自のアルゴリズムを組み入れて算出している）。そこで、計画と実績の間に生じているギャップが明確に認識され、各国代表はギャップの生じた要因とそれに対するアクションの提示を求められる。たとえば、売上が落ちている国については、グローバル事業本部CEOはレポートにある受注残や商談状況の情報を見ながら、今後の見通しとアクションについて国代表にプレゼンさせるといった具合だ。

二つめは、国別の比較である。先述の通り、スコアカードは各国で標準化されており、会議の出席者は国別の数字を一覧で見ることができる。それだけではなく、パフォーマンスの向上した国が取った打ち手などが項目別に全員にシェアされる。それらを参考にして、パフォーマンスの低い国は対応策を考えるのである。

本社はまた、他社も含めたベストプラクティスの調査を独自に行っており、多くの国で共通して見られる課題とそれに対して推奨のアクションを整理した表を送ってくる。その表には、各国の打ち手を記述できる欄も用意してあり、推奨アクションを参考にしながら打ち手を考えていくことで各国の打ち手の質はより向上していく。

❺人材開発

アクセンチュアの本社では以上のようなマネジメント・プロセスを、世界中の将来リーダーとなる人材を育成する機会としても位置づけている。先ほどの二週間に一度という多頻度のマネジメント・プロセスの実施は、事業目標の達成の他にリーダー人材の育成という目的も兼ねているのだ。

人材の発掘に関していえば、アクセンチュアでは若い層からなるアドバイザリー・ボード（若手から次世代のリーダーたる優秀な人材を選定し、会社に対する提言を行わせる活動）などを通じて、グローバル事業本部のCEOなど経営幹部自らが発掘作業を行っている。

また、人材を育成するには、思いつくベストな人材にとにかくリーダーの任務をやらせてみることだという考え方がある。はじめから「非の打ち所のないリーダー」などいないということを本社はよく分かっており、マネジメントの実践を通じて、先述の三要素のバランスのとれたリーダーを育成するという方針を採っている。それゆえリーダーとしてはまだ「未熟」な人材であっても、長期間の継続を前提にポジションを与え、真のリーダーにするべく育成の観点を含めた評価・指導を行っていると同時に、長期的な視点で経営に取り組むチャンスを与えているのだ。

以上のアクセンチュアの事例を踏まえて、経営管理力を高める際のポイントを五つに整理して説明したい。

一. 強い本社——本社によるマイクロ・マネジメント

本社はマネジメント・プロセスにおいて二つの大きな役割を担う。

一つめの役割は「現場支援」だ。マネジメント・プロセスを機能させるためには情報収集、分析、コミュニケーションなど、非常に多くの作業が必要になる。こうした作業を行ってマネジメント・プロセスを回していくことは、普通現場に任せていたのでは実現できない。本社が組織立った支援をしていくことが必要だ。

現状でよく見られるのは、本社が情報収集や分析を現場に任せきっているケースであるが、これは逆で、本社が主体となって情報を獲得し、分析を行わなくてはならない。この「現場支援」を行っていく上では、アクセンチュアの例でも出てきたように、情報システムをうまく活用していくことも有効な手段の一つである。

二つめの役割は「現場指導」だ。情報を獲得し分析した結果から課題を発見して指摘したり、課題解決のためのベストプラクティスを提示したりすることにより、現場を指導していく。現場任せでも本社からの一方通行な押し付けでもなく、双方向でアクションを考えていくことがポイントだ。本社は現場におけるマネジメント層と一体になり、目標達成に向けて共同で努力をしていくのだ。

ただし、この双方向のアクションを持つ「現場指導」を成功させることはそれほど易しくはない。「指導」といった瞬間に、現場は本社からの一方通行だと思い込むし、また実際にそうなりがちだからだ。「現場指導」をうまく機能させるためには大きく三つのポイントがあると考えられる。

本社は現場の末端までマイクロ・マネジメントする

本社は、各事業部や関連会社、海外法人の現場の末端レベルまでの状況・情報を把握し、非常に細かいレベルまで管理（これを本書では「マイクロ・マネジメント」と名づけたい）を行うことが重要だ。

本社は多頻度で現場の管理を行う

アクセンチュアの事例だと、二週間が最小の管理サイクルだったが、消費財大手のユニ・チャームでは「SAPS経営」という手法を導入して一週間に一度という多頻度でPDCAサイクルを回すことにより、アクションの速さに結びつけている。半年間の計画から落とし込んだ一週間分の戦略や行動計画、及び先週分の達成できなかった計画を正社員全員が週一回の会議の場でそれぞれ報告し、議論した上で計画を練り直し実行する、というのがその主な活動だ。この頻度で情報共有・管理していくと、ベストプラクティスの共有も適切でないアクションの軌道修正もスピーディに行うことができ、市場の変化に迅速に対応することができる。

本社が専門性を持つ

本社はプロでなければならない。マネジメントのプロ、人事のプロ、ファイナンスのプロなどの集合体が本社であり、プロとしての視点から現場に納得感のあるアドバイスを与えてやる必要がある。第五章で、人事・法務などの本社機能組織をグローバル化すべきだと述べたが、その理由は本社がプロ集団であるべきだからである。これらの機能組織をグローバルで集約することにより、質の高い人材を集めやすくなり、組織としての専門性を向上させることができる。

ある海外のエレクトロニクス企業では、本社が海外法人の営業活動の末端までモニターし、事業達成を確実なものとしている。先述したような、ハイパフォーマンス企業が二〇〇〇年前後から急ピッチで営業のグローバル組織化を進めているという流れに伴い、この企業もグローバル・レベルで営業業務を標準化してSFAを導入し、世界中の個別の営業マンの活動レベルに至るまで営業プロセスを可視化しているのである。

この企業において、本社がとりわけ集中してモニタリングしているのは新興国市場における営業活動である。市場の急拡大に合わせて採用した大量の人材が実際の業績向上に結びついているのか、また、先進国とは異なる性質を持つ新興国市場で営業活動の成果が本当に上がるのかどうかが読めないため、業績の不確実性が高いからだ。末端まで細かくモニタリングすることにより予測の精度を上げ、早め早めの軌道修正を行っていくことができる。また、モニタリングを通した指導により、大量採用した玉石混交の人材の底上げを図っていくことも可能だ。

この企業では本社の営業統括部門だけでなく、ファイナンス部門と人事部門も営業のモニタリング活動に加わっている。量販店との商談プロセスの進捗、営業マンごとの営業実績や商談結果の把握・分析から、営業統括部門では量販店への営業アプローチの指導、ファイナンス部門では業績達成見込みの把握、人事部門では採用した人材の質の評価や問題のある営業マンへの教育・リストラといった改善アクションの検討を行っている。日本企業では、このような活動は現場の営業マネジャーが一括して行い、本社には報告を上げる程度が一般的であると思われるが、この企業では本社部門が直接モニタリングやアクション設定に関わっているのである。

このような多頻度の、現場の末端に至るまでのマイクロ・マネジメントを本社が行うためには、情報システムの整備が必要不可欠だ。情報システムを適切に整備することで、タイムリーな情報がつねにアップデートされた状態となる。また、本社が直接各種データを取得できるようになり、現場の手を煩わすことのない「可視化」を実現できる。

ただし、はじめから情報の「可視化」にこだわると大きな誤りを犯してしまうことがある。「可視化」「見える化」という単語は巷に浸透し実現されている企業も多いが、データや情報を「見える」ようにするだけではなく、情報を標準化して（＝処理の単位を揃えて）横比較ができるようにする、という視点が意外に抜け落ちていることが多い。この視点を落としてしまうと、拠点によってデータの定義が微妙に異なるため、各拠点のデータはすべて取れるが拠点間の比較ができない、ということになりかねない。

よって、最初に取り掛かるべきは情報の「可視化」ではなく、「標準化」である。管理対象とする情報は世界中、どこの拠点のものでも同じ物差しで測れるようにしておかなければならないということだ。アクセンチュアの例で言えば、世界で共通のスコアカードと評価基準をまず整備するということになる。つまり、情報インフラの整備は、「標準化→可視化→マイクロ・マネジメント」という順序で行うべきであるということだ。

ある医療機器メーカーでは、「見える化」ブームに乗って情報システム投資を行い、結果さまざまなデータが見えるようにはなったものの、拠点や営業所、工場の間で管理項目の定義が異なったままの「見える化」を行ってしまったため、データをマネジメントにうまく活かせていない。たとえば、工場による生産性の差を見るために、稼働率という管理項目を設定したが、稼働率の分母に休日を含むか定期修繕の時間を含むかといった定義が各製造拠点でまちまちとなっており、結局どの工場の生産性がいいのか分かりにくいという状況になってしまっている。

情報システム整備は、マイクロ・マネジメントの実現に欠かせないものであり、投資としてもそれなりの規模になるだけに、「標準化→可視化→マイクロ・マネジメント」の順序にはぜひ留意していただきたい。

二．目標の設定の仕方――バランスト・スコアカード

経営管理力強化のために、次に考えるべきは目標設定である。これについては、「目標項目の設定」とその「目標値の決定」の二つの点から考えてみたい。

まず「目標項目の設定」であるが、目標項目は「多面的」かつ「シンプル」で、可能な限り「標準化」されていることが必要だ。

多面的

多くの企業では目標設定において財務目標を重視しているが、バランスト・スコアカードなどを

利用して多面的に目標設定したほうがよい。キャプラン&スチュワートの提唱するバランスト・スコアカードは、「財務」、「顧客」、「業務プロセス」、「学習とイノベーション」の四項目から成るが、自社の状況によりアレンジしてもよい。たとえば、リコーでは四つの項目に加えて、「環境保全」という項目を追加している。

多面的に目標設定すべきとする理由は二つある。

一つめの理由は、企業を評価する際に、財務諸表の中に表される有形資産以外の無形資産、たとえば知的資本、ブランド、研究開発力などに対する評価を重視する傾向が強まってきたことである。三〇〇の機関投資家に対して行われた調査によると、資産配分についての意思決定のうち五〇%は非財務的なパフォーマンスに基づいて行われているという。

二つめの理由は、財務的な目標は市場の動向やその時の運で大きく変動する可能性があるために、より中長期的なトレンドを示す評価項目が必要だということだ。たとえば、クライアントからの評価や社員からの評価は非常に重要である。優秀な人材が会社にコミットして仕事に取り組んでくれることは、企業が業績を向上させていくために中長期的には非常に大きな意味を持つからだ。

シンプル

バランスト・スコアカードを導入している企業によく見られるのが、評価項目の複雑化である。バランスト・スコアカードは各項目間の因果関係を考えて設計する必要があるため、結果的に複雑になってしまっているようだ。しかし、実際にバランスト・スコアカードを運用していくためには、できるだけ項目が単純化されていないと現場が回らない。

使える目標にするためには、思い切って企業価値に影響のある指標にフォーカスしてシンプルにする必要がある。アクセンチュアでは主要なスコアカードの項目は一〇個程度に絞っている。アクセンチュアの調査によれば、バランスト・スコアカードを使用している企業の二割程度でしか、企業価値と各評価項目のスコアの関係が明らかになっていないという。労力をかけて項目間の因果関係を整理しているというのに、実にもったいない話だ。

標準化

組織や拠点ごとの生産性や業務効率、抱える課題といったものを理解するためには、スコアカードを標準化して横比較できるようにすることが重要だ。特に、拠点数が増え、抱える問題も多種多様となる多極化時代においては、組織間、拠点間で比較した上で問題点を明確化できるようにする必要がある。

次に、「目標値の決定」について考えてみよう。

一般的には、日本企業も含めてグローバルな企業であっても、上司も部下も明確に目標値を示さず、お互いの「腹の探りあい」で目標値が決まるケースが多いという。前年比プラス何％なのかというような探り合いを互いに鉛筆をなめながら進めていく、という状況には身に覚えのある方も多いのではないだろうか。

しかし、概してハイパフォーマンス企業においては、客観的な情報に基づいた目標値のガイドラインがトップダウンで明確に提示される。客観的情報の内容としては、株主への業績の公約、過去の成長率、市場の成長率やシェア、その他さまざまなマクロ情報などである。上司・部下間での調整の結果、最終的にそのガイドラインに近い数字に落ち着く場合がほとんどだ。客観的な情報の分析に基づいた数値は、すべての人に同様に高い目標を持たせ、事業の成功の可能性を最大限に引き出そうとするものとなっている。根拠なく作った数字ではないだけに、その根拠が明らかにされれば現場の納得も得やすい。

そのために、アクセンチュアの例でも紹介したように、現場のボトムアップにより積み上げた数字と本社ガイドラインの数字とのギャップについて、両者で議論するというプロセスを挟むようにする。また、本社は必要に応じて適切なアドバイスや投資を申し出て、現場が納得いくような支援や工夫をしていくことも重要だ。

日本企業でも、本社主導によるトップダウンの目標値を設定する企業はあるが、あまりうまく機能していないように思われる。ハイパフォーマンス企業では、本社と現場が議論を積み重ねることによって、現場にその目標値へのオーナーシップ（所有者意識）を持たせている。それが成功の秘訣だ。

三 市場変化を読み、すばやいアクションを打つ

経営管理力を高める上で三つめに重要なポイントは、事業環境の変化にどう柔軟に対応するかだ。市場変動をすばやく察知してアクションを起こすまでのスピードを上げることにより、外部環境の変化に対する機動性をより高めていく必要がある。

変化を感知してアクションを起こすまでのプロセスを、「市場変動の察知」までと、「アクションの実行」までの二つに分けて説明しよう。

市場変動の察知スピードを上げるためには三つのやり方があると考えられる。

一つめは、「実績獲得スピードを上げる」ことだ。

ネットワーク機器メーカーであるシスコ・システムズでは、決算処理のスピードを上げ、期末とほぼ同時に連結での財務報告ができるようになっている。これにより、経営陣が実績をスピーディに、正確に把握することができるようになる。もちろん実績を把握するだけではなく、その分析を行い、戦略の軌道修正や投資への意思決定をしていくことが目的である。変化の速い業界であるため、将来予測をできるだけ早く、そして精密にしていくことが市場の変化への対応力を高めることになる。

二つめは、「先行指標を基に予測精度を高める」ことだ。

実績をいくら早く把握しても、把握した後にアクションを実施に移したのでは、効果が出るまで

には通常何カ月もかかってしまう。効果創出までの時間も計算に入れた上でアクションを実施していくことが必要だ。そのためには、実績の他に何らかの先行指標を獲得し、予測していくことが重要になってくる。先行指標の活用は、実績から将来予測を導く際の、予測精度を高めるためにも有効だ。

先述の海外エレクトロニクス企業のように、営業の活動状況からパイプラインをモニターして実績を予測していくのも一つの手段だ。

建機メーカーのコマツは、KOMTRAX（コムトラックス）という独自システムを用いてさらに活用度の高い情報を取得している。自社で販売した建機にGPS端末やセンサーを搭載し、機械の稼働状況や燃費などのデータを取得するというシステムだ。これにより、世界のどこで機械が稼動しているかをリアルタイムで把握することができ、需要予測ができる。稼働状況が落ちていれば生産台数を絞り、逆に上がっていれば増やすというアクションをスピーディに取っていけるというわけだ。ここから取れるデータに応じて、需要の多い地域に近い工場での生産を増やす、といったこともちろん可能である。コマツが今回の不況でスピーディに在庫調整を行えたのはこのシステムに拠るところが大きいという。

三つめは、予測アルゴリズムを使って予測精度を上げるケースだ。

消費財などでは、影響力の高い先行指標を特定することは難しい。そこで、売上、価格、コストに影響を与えるさまざまな指数の実績値からアルゴリズムを作成して、精度の高い予測を行っていけるようにする。

デル・コンピュータは、精度の高い予測アルゴリズムを用いることで、景気低迷期にも一定の業績を確保してきた。同業他社よりも早く受注減速を予測することで、値下げなどの対策を機動的にとることができたためだ。受注・生産・在庫に関する情報、顧客情報などのあらゆるデータの蓄積と、その適切な分析をマネジメントに活かしていることがデルの強みである。

次に、市場変動が起こったときに「アクション実行までのスピードを上げる」方法について説明したい。

対応スピードを上げるためには、どのような状況になったときにどのような対応を取るかを予め決めておくことが必要だ。このような、不測の事態に対する対応計画を「コンティンジェンシー・プラン」という。災害や事故が起きたときにどのように企業活動を続けていくか、という観点での「コンティンジェンシー・プラン」を持つ企業も多いと考えられるが、ここでの「コンティンジェンシー・プラン」は大きな市場変動が起きた際に活用するものだ。

「コンティンジェンシー・プラン」には市場変動項目をリストアップしておく。市場変動項目の例としては、市場規模、価格、為替、原材料コストのようなものが考えられる。複数の市場変動項目が同時に変化したときのために、市場項目の変化やそれに対するアクションがどのような財務的インパクトを会社にもたらすかを明確にしておき、さまざまなシミュレーションができるような仕組みを作っている企業も多くある。

アクションに関しては、たとえば、市場規模の縮小により、売上が一〇％・三〇％・五〇％低下したときには、それぞれどういうアクションを取るのかといったことをあらかじめ決めておく。コスト削減、人員リストラ、事業ポートフォリオの見直し、資産圧縮、価格の値上げや値下げなど、さまざまなアクションが考えられるが、それぞれのケースではどこまで手を打つかを決めておくのだ。

たとえば、売上が一〇％低下したときには交際費やタクシー代などを削減する、二〇％低下したときにはそれに加えて、広告費削減、工場閉鎖や本社人員のリストラまで踏み込み、三〇％低下のときには場合によっては不採算事業の閉鎖や値下げなどを検討する、などである。また、これらのアクションを考える際には、それぞれのアクションによって、いつまでにどれだけのキャッシュが創出されるかを明確にしておく必要がある。

日本電産は金融危機による景気低迷を受けて、WPR（ダブル・プロフィット・レシオ）という、コンティンジェンシー・プランの考え方を適用したマネジメント手法を導入した。地道なコスト改善策と社内の仕組み整備により、売上が半分になっても利益を確保できる体質にしようというものである。日本電産の売上ピークは二〇〇八年七～九月期で、そのときの営業利益率が一〇％程度であったのだが、売上がその五〇％に落ちた場合でも黒字を確保、七五％で一〇％程度、一〇〇％に戻った際には元の二倍の二〇％程度の営業利益率を確保することを目標としている。

四．人と金は会社の共有財産と考える――「たんす預金」をやめる

マネジメント・プロセスにおける一つの重要な意思決定が、人材や資金などの資源配分である。全社最適をめざし、もっとも有望なテーマに対して資源を手厚く配置するのが理想だ。しかし現実には、既存組織が有望な資源を囲い込んでしまったまま、「たんす預金」のように有効に活用されることのない状態が続いている。

ここでも経営トップや本社の役割が重要になる。多くの場合、現在大きな売上を稼いでいる力の強い事業や地域から、資源を取り上げることになるからだ。新しい有望な投資先やオペレーション・プラットフォーム、標準化、マネジメントの仕組みの構築などに対して、ダイナミックに資源を最適配分することによってこそ、持続的な企業成長が実現できるということを説明し、現場を説得できるのは経営トップや強い本社をおいてない。そしてそこには、会社の資源は現在の所有者の私有財産ではなく、共有財産だという考え方が必要だ。

会社戦略を左右する資源の大胆な配置例としては、トヨタ自動車の織機事業から自動車事業への進出、ブリヂストンのゴム草履事業からタイヤ事業への進出、及び米国事業拡大のためのファイアストンの買収、富士フィルムの銀塩フィルム事業からデジタル事業への進出などが挙げられよう。これら新規事業進出にあたっては、既存事業で創出した多額の利益や優秀な人材を、新事業に大胆に投入している。

よりオペレーショナル・レベルでの資源配分を実現しているのは、製薬メーカーにおけるR&Dだろう。製薬メーカーはいくつもの製品開発案件を持っており、各案件にはプロジェクト・マネジャーがついている。プロジェクト・マネジャーは、製品完成までに必要な人材工数及びスキル、外部へのアウトソース業務量(投入資金)などを算出してスケジュールに落とし込み、R&Dプロジェクト管理システムに登録する。本社のR&D部門は、そのプロジェクト管理システムの情報を分析して、人材と資金の配分案をシミュレーションし企業価値を最大化するような最適配分案を考える。シミュレーションを行うことにより、国・地域やR&D部門内の機能組織の枠組みを越えて、柔軟に人と資金を配置することに成功している。

人材の再配置をうまく行っているのが、日本たばこ産業(JT)である。海外たばこ事業を統括するJTインターナショナル(JTI)という子会社に関連会社を含めた優秀な人材を集め、社内における人材の流動化を可能にしている。JTインターナショナルはスイス・ジュネーブに拠点を置き、世界約一二〇カ国で事業を展開しており、二五〇〇〇人あまりの社員の国籍は四〇~五〇カ国に渡るという。この会社はタバコの輸出入を行うと同時に、優秀な人材を集めてリーダーの必要な案件に投入するという人材プールの役割を持っているのだ。

JTIではグローバルに通用する人事制度を導入することにより、優秀な人材の確保を図っている。JTIはもともと、JTが買収したRJRを母体とする組織であるため、日本人の数も一〇〇人程度にとどまるという事情もある。横並びの人事評価を用いる日本企業と異なり、海外の企業では優秀な人材には評価・報酬に差を付けたり昇進のスピードが速いなど処遇の差を際立たせているることが多い。実際、多くの日本企業は処遇の問題により、優秀な外国人人材の採用が難しく、また優秀な人材が獲得できたとしても比較的短期間で失ってしまっていることが多い。JTIでは、海外でも通用する人事制度を取り入れることにより、こうした問題を同時に解決しているのだ。

このやり方はとてもスマートだ。というのは、JTのように大きな会社が日本の人事制度をグローバルに合わせると、経営に対するインパクトが大きすぎるからである。JTは、「人材プールとする」ことにJTIの目的をフォーカスして、人事制度を「新しく作る」ことにより、経営に対するインパクトを最小限にすることができている。

このように、社内における人材の流動化を進めていくと、「所属」の考え方を根本から変える必要が出てくるだろう。日本企業の場合、「上司は一人」という構造になっている場合がほとんどだ。そのため、ある一人の上司に忠誠を尽くせば、何がしかの昇進が約束されたり、時には保身ができたりということも往々にしてあるだろう。上司の方でもそうした部下を自分の所有物であるかのように思い、自分の影響力の傘下から出したがらないといったことがしばしば起きてくる。しかし、海外の企業では「上司は複数」のほうが普通であり、一人の上司にずっとついていくほうがむしろ珍しい場合が多い。

これには、海外の企業では「能力育成の場」（例：機能別組織）と「仕事の場」（例：プロジェクト）が必ずしも同じでないということが影響しているだろう。比較的長期間に渡って所属する「能力育成の場」における上司が存在するとともに、必要に応じてコロコロと変わる「仕事の場」の上司がいる。「能力育成の場」の上司はそれなりに長い期間付き合うことになるが、「仕事の場」における上司は非常に短い期間の付き合いとなることも多い。それゆえ、上司の所有物になるというような考え方は起こりにくいのである。ちなみに、こうした短い期間のみの上司からの評価ももちろん評価に加味される。

日本企業において、地域・機能横断的なプロジェクト型組織編制を推進しようとすると、どうしてもこの「所有」がハードルになることが多い。人的資源はある一人の上司のものではなく、企業のいわば共有財産だという認識を持ってもらうのは日本ではなかなか困難なことであるが、企業としての成長を実現していくためには欠かせないことである。

五. マネジメントを強化し、人材の「宝の持ち腐れ」をなくす

これまで述べてきたように、世界各地への地域展開、企業買収、オペレーションやマネジメントのインフラ整備など企業がやるべきことは多い。こうした改革を迅速に進めなければならないことを多くの経営者は知っている。しかし、多くは「任せられる人材がいない」ため、これらの行動が後回しになっている。

日本企業のミドルマネジメントには、本当に任せられる人材がいないのだろうか?

アクセンチュアがグローバルで行った調査（図7-2）によれば、日本のミドルマネジメント層はたしかにモチベーションが低いように思われる。「組織環境に対する満足度」を問う質問に対し、「まったく満足していない／満足していない」と回答した日本のミドルマネジャーは三七％に上る一方で、「非常に満足している／満足している」と回答したミドルマネジャーは一三％となっており、調査を行った二二カ国中でもっとも満足度が低くなっている。さらに言えば、「上司のサポートが非常に良い／良い」と回答したミドルマネジャーの割合も一七％と、調査国中で最低の値となっている。調査の中には、組織環境への満足度が低い理由を「上司との関係の悪さ」としているミドルマネジャーが多いという結果も含まれており、上司との関係がモチベーションを高める上での一つのネックになっていることがうかがえる。

このような、上司（経営者）と部下（ミドルマネジャー）のすれ違いの原因は、経営者の多くが自社の社員しか知らないことも影響していると思われる。日本企業の経営者の多くは海外企業を含めた他社のミドルマネジメント層の人と話す機会がほとんどないため、自社のミドルマネジャーたちがどれだけ優秀かわからないのだ。われわれのように海外の企業を含めて、多くの企業のあらゆる階層の人と話す人間からみれば、日本のミドルマネジメント層は概して優秀である。ただし、日本企業の多くは抱えている優秀な人材をうまく使いこなすことができておらず、「宝の持ち腐れ」になってしまっている。失敗を恐れて、「任せる」ことができていないのだ。

もちろん、どんなに優秀な人材でもはじめからリーダーとして振舞えるわけではない。リーダー

図7-2　アクセンチュアのグローバル調査結果

組織環境に対する満足度

（単位：%）

	世界平均	US	CA	LA	BE	FR	GE	SW	NC
満足している (Net)	**42**	**47**	**53**	**54**	**50**	**36**	**37**	**63**	**66**
非常に満足している	9	14	6	9	4	5	9	10	10
満足している	33	33	47	45	46	31	28	53	56
ある程度満足している	42	41	34	39	39	45	45	18	27
満足していない (Net)	**16**	**13**	**13**	**7**	**11**	**20**	**19**	**18**	**8**
満足していない	13	9	10	6	10	17	14	12	7
まったく満足していない	3	3	3	1	1	3	5	7	1

	PO	SP	UK	SA	IN	CH	JA (日本)	MA	AU
満足している (Net)	**51**	**55**	**42**	**50**	**50**	**36**	**13**	**30**	**48**
非常に満足している	11	17	12	13	11	1	1	6	15
満足している	40	38	30	37	39	35	12	24	33
ある程度満足している	37	38	37	40	42	48	50	54	38
満足していない (Net)	**12**	**7**	**21**	**10**	**8**	**16**	**37**	**17**	**14**
満足していない	9	6	14	9	6	15	30	16	11
まったく満足していない	3	1	7	1	2	1	7	1	3

出所：アクセンチュア　Middle Management Satisfaction

として必要なすべての要素を満たせるわけでもない。しかし、大胆に任せてしまっても案外なんとかなるものだ。不安であれば、予めマネジメントの頻度を上げておけばリスクは最小化できる。どんなハイパフォーマンス企業であっても、はじめからリーダーとして完璧に役割を果たすことのできる人材がいるとは考えていない。先述したアクセンチュアの例のように、「できる限りベストな人材」をアサインし、ある程度中長期的な期間のポジションを確保してやりながら、本社や上司の支援によってリーダーを育成する仕組みを作ってやればよいのだ。そのようにしてリーダーを次々と育成していかないと、企業の次なる成長のための布石を打つことができなくなる。

管理頻度を上げるなどしてマネジメントを強化すると、現場の自由裁量がなくなってしまうという人がいるが、ハイパフォーマンス企業の発想は逆である。現場の新しい／若いリーダーに対するマネジメントを行うことで、リスクを軽減しながらリーダー自身の意思決定をさせることが可能になる。そうした支援を行う中でこそ、徐々に自由裁量の部分を増加することが可能になると考えるのである。

日本企業の多くは、リーダーとして配置された人材に対する支援体制が弱すぎるように思う。このような体制のままだと、リーダーとして組織を支え成長させる役目を担えるのは「生まれながらのリーダー」と言えるようなごく少数の人にとどまり、短所を補うような育成をしてやることによってリーダーとして成長しうるような、大多数のポテンシャルある人材を殺してしまうことになる。

上層部によるマネジメントの仕組みを強化することでリスクを最小化して、重要な仕事を若きリーダーに任せ、裁量を与えていくことだ。そうすれば、日本のミドルマネジメント層を活性化することができる。

カリスマ経営・世襲経営のトランジション

カリスマ経営者の下で好業績を維持している企業が多い一方で、なかなか後継者が育たない企業も多いようだ。カリスマ経営者にとっては、自分なき後、どのように企業の勢いを維持するかは重要な課題である。そんな中で、京セラ、パナソニック、ホンダなどの企業は、見事にカリスマ経営からの転換を図ることに成功している。

とはいえ、カリスマ経営を否定して「サラリーマン経営」に陥るべきではない。カリスマ経営の良さを残しながらも血筋やオーナーシップに頼らない、「求心力」ある強い経営者に引き継ぐことが重要である。

GEやエマソンで行われている後継者選抜プロセスは非常に参考になるだろう。カリスマ的なリーダーシップを維持するだけではなく、再現可能なマネジメント・プロセスを併せ持つ「いいとこどり」のトランジションを実現している。カリスマ的な要素として長く厳しい実績主義の選抜プロセスに勝ち残ったという事実を持ち、育成プロセスを含む二〇年以上をCEOとして勤めあげることができる人を選んでいる。

サラリーマン経営者ではなく、「求心力」や「カリスマ性」を兼ね備えた後継者へのトランジションを実現するためには、本章の主要テーマである経営管理力を上げることに加え、実は下地作りが重要になる。下地としては、企業の経営理念に「魂」を入れること、後継者の選定・育成プロセスに「正統性」を持たせることの二点が挙げられる。

経営理念に「魂」を入れるとはどのようなことか。

経営理念というと、とても曖昧な印象があると言う方も多いだろう。たしかに、言葉尻だけ捕えればどこの企業の経営理念もとてもよく似ているように思われる。ただし、それが有効に機能している企業とそうでない企業があり、差は大きい。

そのような差の生まれる背景として、その経営理念が「歴史」により立証されるかどうか、ということがある。うわべだけ見栄えよく整えられた言葉ではなく、その企業が社会において本当に実現したいと願う価値を作り出してきた過程で紡ぎ出された言葉なのかどうかということだ。

たとえば、「つねに時流に先んずべし」という『豊田綱領』の言葉はつねに、トヨタが自動車事業に進出した際の倒産危機の話とともに語られ、トヨタ社員の記憶に鮮烈に残り続けている。自動車事業進出を決定し実行した二代目・豊田喜一郎の新しいことにかけるチャレンジ精神が、「つねに時流に先んずべし」という言葉に魂を埋め込んでいるのだ。

ジョンソン・エンド・ジョンソンのクレド（我が信条）も非常に有名な経営理念の一つであるが、

これもまたジョンソン・エンド・ジョンソンの歴史と共に語られ、クレドの言葉一つ一つに魂を埋め込んでいる。ジョンソン・エンド・ジョンソンの会社のホームページをぜひ参照していただきたい。クレドと共に、会社の創業からの歴史がこと細かに紹介されている。

このような、魂のこもった経営理念を後継者たる人物が体現していることが、「求心力」や「カリスマ性」の維持のためには必要である。後継者の言葉や生き様から経営理念が滲み出ていることが、後継者の妥当性を高めることになる。

また、魂のこもった経営理念は、事業のグローバル化に伴って増加する、さまざまな国・地域からの多様な人材の意識を束ねる役割も果たす。そのような経営理念が社内の隅々まで浸透し、社員の意識が経営理念を中心に一体となっていることは、コンプライアンス・リスクを軽減する上でも重要である。経営理念が浸透していない企業は短期的な業績向上に集中し、中長期的な大きな成長を考えないため、ややもすれば、コンプライアンス・リスクを冒した策を講じてしまう可能性すらあるからだ。

企業の持続的な成長を支える、「人の持つエネルギー」を活かすという点においても、魂のこもった経営理念は重要である。人が仕事に対して持つエネルギーは、報酬や名誉に対する欲望からのみ生み出されるわけではない。自分の仕事が社会にどう貢献しているか、人々にどのような価値をもたらしているかが経営理念によって明示されていることは、社員が仕事に対して持つエネルギーにいっそうの力を与え、企業の成長に寄与する。

二つめの下地作りである、後継者の選定・育成プロセスについて考えてみよう。

まず、後継者は長期政権を前提として選定されるべきである。GEやエマソンなどでは、二〇年以上の長期政権を前提としている。したがって、CEO候補は四〇歳代の若さで選定されることになる。

その理由は、残された任期の長さにより、長期的な視点から戦略を考えることができ、短期的な業績向上には目を奪われづらくなること、経営幹部たちが次期CEO争いに夢中になることで、経営そのものに対する協力が得られにくくなったりする心配が少ないことが挙げられる。また、二〇年以上という任期の長さは、短期政権よりも自ずと社内の「求心力」を高めることができる。また、二〇年という任期の間に、経営者としての力にますます磨きをかけていくことが可能である。

次に重要なことは、CEOの選定プロセスに十分な時間をかけることだ。エマソンでは、現CEOのデービッド・ファーを後継者として決定するまでには、四人からなる候補者リストをはじめに作成したときから五年近くをかけている。同様に、GEでも六年かけて、二三人の候補者リストから現CEOのジェフリー・イメルトを選抜したという。

候補者リストに挙げてから数年間をかけてじっくり観察することで、客観的な実績に基づいた選定が可能になる。候補者が経営理念や行動規範に基づいた行動を取ることができるか、本当に実績を残せているかなどを、さまざまな側面から実証できるのだ。

しかし、より重要な点は、その後継者が長期の選抜に生き残った「真の勝者」であることを周囲に示すことができるというところだ。また、選考過程で起こるさまざまな出来事がその選抜プロセスに物語性を持たせることにもなる。

物語性は、リーダーにカリスマ性を付与する。消費財メーカーのP＆Gは人材輩出企業としても知られ、「卒業生」にはGEのCEO ジェフリー・イメルトをはじめ、前3M会長兼CEOのジェームズ・マックナーニ、AOLの創業者のスティーヴ・ケイスといった有名企業のトップが名を連ねている。彼らはかつてP＆GにおいてもCEO候補だったし、イメルトとマックナーニは転職先のGEにおいてもCEO候補として最後まで争った。新しいCEOにとっては、このようなCEOの座をめぐって争ったライバルが、転出した一流企業でCEOに就任したという逸話の存在は、新CEOの「優秀さ」を社員により強く印象付け、カリスマ性を高めるため有効である。

以上の二点は、そもそもカリスマ性の高い経営を実施している企業の例として説明したが、そうではない一般の企業であったとしても、優れたマネジメント・プロセスとカリスマ性ある経営者の両方を兼ね備えることによって、真に強い「ハイパフォーマンス企業」となることに変わりはない。

繰り返すが、社長がころころと数年で変わるようではハイパフォーマンス企業とはなりえない。そのような企業では、どうしても短期的な仕事に集中し、政治闘争など企業内部の動向にエネルギーを使い切ることになり、会社の成長に向けた外部へのエネルギーが少なくなってしまう。

マネジメント・プロセスの確立に加え、経営理念の強化、及び次世代リーダーの選別プロセスの強化は、経営管理力を高める上で、いかなる企業においても重要なことなのである。

第8章

日本企業のハイパフォーマンス企業への挑戦

——三年でハイパフォーマンスを実現するために

ここまで企業経営のあり方について、ハイパフォーマンス企業を例に挙げ五つの要素から考察を進めてきた。私が日本企業の経営者の方と議論をすると、多くの方はハイパフォーマンス企業と自社の現状との間にはかなり大きなギャップがあること、そして、自社がハイパフォーマンス企業になるためには、経営の考え方を根本から見直すような大きな変革の必要があることを認識されている。ここで問題になるのが、どのようにすれば大きなギャップを埋めることができるかということだ。

経営者が経営の舵を切り替えるには、資金や社員の労力などの多大な投資を伴う。たとえば、過去には日本の企業が中国などの海外進出や大型買収を実施した結果、立ち直りに長い期間を要するような失敗をした例が少なからず存在する。このように舵取りに失敗した場合には、現行のパフォーマンスさえ大幅に下回り、経営者自らが責任を負うだけでは済まず、従業員の雇用確保も危ぶまれる状況となるだろう。

本章では、変革を必要とする企業が、三年のうちにハイパフォーマンス企業に肩を並べるレベルまで到達することを目標とし、そのためのリスクや労力を最小限に抑え、可及的速やかに変革の果実を得るためにはどうすればいいかについて議論していきたい。

一．価値観を変える

三極世界と多極化世界では、企業の持つべき価値観は異なる。しかし、日本企業は依然として三極世界の価値観に支配されており、多極化世界に対応した価値観を経営トップから現場の末端まで根付かせることが急務となっている。全社で同じレベルの価値観を共有していないと、変革の所々で疑問や不満が噴出し、前に進まなくなるからだ。

三極世界から多極化世界への変化に伴い、以下に挙げる五つの「変えるべき価値観」について、それぞれをどのように変えていくべきか説明していこう。

❶内需信仰

三極世界では、日本の市場は魅力的であった。消費は拡大を続けており、日本企業は自国の市場をどの国籍の企業よりも熟知しているため、リスクは小さかった。数多くの日本企業が、それまで海外進出を企て、失敗してきた経験を持つことを考えれば、自国の市場への絞り込みは正しい選択だったと言えるだろう。

しかし、多極化世界において日本市場のみにこだわることは大きなリスクだ。というのも、これまで見てきたように、昨今日本市場における競争は激化しているため儲かりにくく、経済成長率も新興国や欧米諸国と比較し低いからだ。さらに近い将来には、世界中に市場を展開してきたライバル企業たちがそのスケールを武器に日本に上陸し、日本企業は自国の市場さえも守れなくなる、というリスクも十分想定されるのだ。現在では日本の市場は特殊な市場であり、かつてのように日本でトップであることが世界でもトップをとるための前提条件ではなくなった。すなわち、日本企業が「日本でトップを捨て、世界でトップをねらう」こともいまや有意義な選択となった、と言える。

一方で、海外進出を積極的に行おうとする日本企業を「日本を捨てる」と見なす向きも依然として存在する。しかし、「日本」のことを真に大切に考えるならば、日本企業は製品・サービスの供給や企業ネットワークを国内に留めるのではなく、グローバルに展開することを通じて「日本のDNA」を広め、日本企業の存在意義を世界に示すことが、むしろ重要ではないだろうか。

❷ハイエンド志向

日本企業は、三極世界において日本の高度成長とともに技術力を強化し、ローエンドからハイエンドへと進化を遂げてきた。その中で日米欧の豊かな消費者向けの市場を主戦場とし、高付加価値の提供をねらってきたのは正しい戦略だった。

そして現在の多極化世界では、新興国も新たに「市場」としてとらえられるようになった。これはつまり、世界市場全体で見た場合に、中間層・低所得者層が圧倒的多数を占めることを意味する。

したがって、適当な戦略も、ボリュームゾーンであるローエンドを対象とし、低コスト化を徹底するというものにシフトしてきた。

ところが、日本企業の多くは、やっとの思いでローエンドから這い上がってきたのに逆戻りしたくないという思いからか、いまだにハイエンドで勝負することに拘泥している。とりわけR＆Dの強い会社ほど、ハイエンドで勝負することにプライドを持つ傾向にある。しかし、多極化世界においてハイエンドのみに留まることは、市場で負ける可能性を高める。

携帯電話市場を例に挙げてみよう。これまで日本企業は、第二世代（2G）の通信方式の中で日本が独自の通信方式（PDC）を採用していることや、インセンティブ制度（販売奨励金）を導入していることの影響もあり、世界の市場においてボリュームゾーンであるローエンド製品の投入をしてこなかった。こうして日本企業がグローバル展開の機会を逸し、日本市場でハイエンドのみを相手としているところに、日本の通信規格がグローバル標準である第三世代（3G）へと移行した。その途端、アップル社のアイフォンやHTC社のアンドロイド携帯など、グローバルの企業がハイエンド機種を引き下げ日本に進出してきて、大きく日本メーカーのシェアを侵食してきている。

また、英高級自動車ブランドの「ジャガー」「ランドローバー」が世界一安価な自動車を作ったインドのタタに二〇〇八年に買収されたのは記憶に新しい。特にグローバリゼーションの進行が早いエレクトロニクス業界や自動車業界を中心に、ハイエンドを対象としてきた企業が、業績悪化やミドル・ローエンド中心の企業の軍門に下るという事態が起きているのだ。

また、日本企業がハイエンドにこだわる理由のもう一つとして、ローエンドは儲からないという先入観があることが挙げられる。しかし、ローエンドで儲けている海外のハイパフォーマンス企業は数多くある。これらのハイパフォーマンス企業のローエンドへの進出は、決して将来を見込んだ投資ではない。現にこれらの企業は、ローエンドを対象としながら損失に耐え忍ぶことはなく、高い利益を上げているのだ。

コストダウンに創造性を発揮するという考え方に変えれば、ローエンドが対象でも十分に利益を上げることは可能だ。たとえば、サムスンは二〇〇八年度の世界特許取得ランキングで一九位を獲得するというイノベーション企業でありながら、一方では、リバースエンジニアリングによってコストを革新的に削減、それをデザイン開発の予算に投入して製品化のスピードを速めるというサイクルを確立し、ローリスクかつ低コストで製品を供給する体制を構築している。

❸自前主義

三極世界では、日本の労働者の質は高く、賃金も安かった。また、その頃の中国などのアジア諸国の製造業は質が低かった。そのため、日本企業における、質・コストともに優位な人材を使って、自分ですべてのプロセスを管理するという自前主義は、QCD（Quality, Cost, Delivery）すべてにおいて正当な価値観であったと言えよう。

しかし、多極化世界では、新興国を中心に低コストで高品質な部品やサービスを提供する企業が増加し、日本の労働者の賃金は相対的に高くなってしまった。結果として、自前主義を貫くことは、日本企業の競争力を削ぐことになった。

ハイパフォーマンス企業では、企業活動をバリューチェーンに分解し、自社がベストな成果を出せる活動のみを自前で行い、その他の活動には外部からベストなプレーヤーを選択することによって、顧客への提供価値を高めている。そのため、日本企業とは異なり、他社に「低付加価値」だけでなく「高付加価値」な業務も任せるのだ。また、業務委託先とも上下関係ではなく、「対等のパートナー」として関係を構築している。

ハイパフォーマンス企業では、このように積極的な他社の活用により、低コストと高品質を同時に実現し、設備投資などのリスクを低減している。第六章でも触れたように、P&Gは二〇〇二年に部品サプライヤーのイノベーションをいち早く製造工程に適用することで、紙おむつの市場シェアを一気に拡大した。このサプライヤーとの関係も大きな変化に向けて活用する姿勢は、同社がハイパフォーマンス企業である要素のひとつだろう。

一方の日本企業は、品質やノウハウ逸失・流出への不安からか、他社の活用には消極的であるというのが現状なのだ。

❹「カイゼン」志向

これまで日本企業では、現場の個々人がアイデアを出し合いながら「カイゼン」活動を行うことで、生産性を継続的に向上させ、競争力を強化してきた。しかし、多極化世界において必要なのは、ちょっとした工夫に頭を使うような「カイゼン」活動ではなく、企業価値の向上に大きなインパクトをもたらすために、何をするべきかを考えることだ。

グローバルに展開する企業の、そのスケールを活かした大幅なコストダウンや、情報システムの発達による業務スピードとコストの飛躍的な向上を可能にしたのは「標準化」だ。「標準化」の効果は「カイゼン」の効果を圧倒的に上回り、ハイパフォーマンス企業はこぞって「標準化」のための積極的な投資を行うようになった。いまや「標準化」なくして、「スピード」も「コスト革新」も「マネジメント強化」も「ニーズに合わせた新製品のタイムリーな導入」も実現することは不可能である。

しかし、「標準化」をマニュアル化と同義としてとらえる日本企業は依然として多い。「標準化は、自ら考える力を奪い、思考停止の人間を作る」といった考えや、「標準化は、顧客の多様なニーズに対応する柔軟性を奪い、型どおりの応対を作る」といった考えが根底にあるため、「標準化」が進まない。

❺現場への権限委譲

一九九〇年代の「小さな本社」改革前の日本企業では、本社が強大化した結果、「大企業病」が蔓延していて、部下が上司とフランクなコミュニケーションを取れないような上意下達の風土があった。「小さな本社」という改革には巨額の本社経費を軽減するという目的もあったが、現場に権限を委譲し個々の自律性に委ねる部分を増やすことにより、「大企業病」を克服するというのが重要な目的だった。

しかし、このような「小さな本社」は時代にそぐわなくなってきた。一つには、多極化世界への変化に伴い、事業、国・地域、従業員の拡大とともに、管理不足による業績の未達やリスク対応の遅れ、統一されていない組織やオペレーションによる非効率性といった欠点が目立つようになってきたことがある。そしてもう一つは、社員の満足度の問題だ。図7-2で見てきたようにアクセンチュアがグローバルで行った調査結果によれば、日本企業の社員の満足度は低い。つまり、権限委譲は必ずしも社員に満足をもたらさなかったということだ。満足度が低い要因は、収入とキャリアパスの不明確さへの不満が大きいことにある。だが管理を強化することで、業績を改善させて社員の収入を上げることはできるし、社員のキャリアパスを明確にしてしっかり育成し、彼らの市場価値を向上させることも可能なのである。

不況によって、社員は将来に不安を覚えるようになり、会社に「自由放任」よりも「統制」を求める傾向が強まってきている。組織への帰属による安心感の元で、「確実な収入」と「高いキャリア」を得ることをより強く望むようになっているのだ。管理の強化は社員のニーズにも合致している、と言えよう。

二．できない理由を排除する

今までに述べたような変革は、自社の実力では実現できないのではないかという不安を抱える企業も多いだろう。彼らの典型的な不安は、以下に述べていく三点だ。これらの克服は簡単ではないが、企業があるべき、あるいはありたいと願う戦略の遂行を阻害するほどの問題ではない。努力と工夫、そして若干の投資で十分克服できるものだ。

❶スケールが十分でない

かつて日本企業は多くの業界、多くの製品で高い世界シェアを誇っていたが、今では大幅に低下している。世界の競合と比較して、もはやスケールの面では彼らに太刀打ちできないという意見もある。

この難局を切り抜けるため、ハイエンド・高付加価値路線を極めるという戦略に向かう企業もいるが、それは前述してきたように正解ではない。ここで取るべき戦略は、グローバルでシェアを取れる可能性がある事業や製品にフォーカスするというものだ。多くの企業では、すべての事業に対して均等に投資をしていたのではシェアは取れないため、このような大胆な事業再編を実行しようという検討と議論がなされてきた。しかし、ほとんどの企業で進捗が見られないのが現状だろう。

好景気のときには、優位性の低い事業でも売上や利益に貢献するので実行しにくく、現在のような不況時には、利益がなくても（あるいは赤字であっても）、売上の落ち込みをこれ以上増やしたくないために、少しでも売上に貢献している事業を捨てられない。本来不況期は大胆に事業再編を行うチャンスだと言われるが、実際には難しいものだ。また、本編で述べてきた、たとえばノキアで行ったような事業再編は、経営トップの強烈なリーダーシップが必要になるため多くの日本企業では不可能だろう。

そこで、現実的に実現が可能である路線を提案したい。「捨てる」発想から「選択する」発想の事業再編に転換するのだ。コアでない事業を捨てることに労力を割くのではなく、コアとなる事業を選択し、そこに十分な資源を投入してグローバルシェアを取りに行く。この方法でも人や資金の最適配置のために既得権益を奪わなくてはいけないが、事業の切り離しよりは実行が容易である。

一つの製品でグローバルシェアを構築できれば、そこで築き上げたプラットフォームに次の事業や製品をのせて拡大していくという、第二章で説明したような「成長パターン」を繰り返して飛躍的な成長の足がかりを作れる。

❷任せられる人がいない

新しい国・地域へ進出するにはその地域を引っ張っていくリーダーが、M&Aをするには買収した後に統合を実現するリーダーが必要だ。しかし、これらの役割を任せられる人材がいないことが、成長のボトルネックになっているという企業は多い。

しかし、リーダー不在を理由に挙げて戦略の実行を滞らせることは、絶対に避けなければならない。そもそも、はじめから安心して任せられるような完璧なリーダーなどいない。考えられる中でベストな人材を選択し、彼らを「次世代リーダー」に指名して、しっかりしたマネジメントによって育成していけば、何とかなるものだ。その場合に適材適所を実現するためには、人材を各組織の「私有財産」ではなく、全社の「共有財産」とすることが必要だ。

今では世界標準経営によってグローバル展開に成功しているコマツも、かつては昔ながらの営業手法で売りまくる「暴れん坊企業」だったという。その頃のコマツの人事制度は、営業・生産・技術・財務等一つの分野で長い経験を積ませながら、幹部をゆっくりと選抜していき、彼らが取締役になってから企業経営を学ばせるというスタイルだった。しかし、一九九〇年代半ばに、コマツは世界標準経営を実現するため、情報武装化とあわせて、人事制度改革を実施した。三〇代から四〇代前半の若きリーダーを発掘し、関係会社に社長・役員として出向させて、経営のプロを育成した。また、企業と社員の関係を変えるために「契約の思想」を取り入れ年俸制を導入した。

大切なことは、経営幹部が若きリーダーのスポンサーとなってマネジメントし、投資をし、暖かく育成することだ。それによって、重要な役割を任せるに資するリーダーが誕生するのだ。

❸英語を話せる人がいない／少ない

日本企業では、英語を話せる人材が少ないから海外展開がうまくいかないという話をよく耳にする。たしかに、日本のビジネスマンの英語のレベルが他国と比較して低いのは間違いない。しかし、このような「言語」の壁は、企業戦略の実現を妨げるような重要なことだろうか？　何をどう伝えるかという「言葉」はとても大切だが、その「言葉」を伝えるためにどの「言語」を選択するかということの重要性は低いように思う。

私はアメリカで一年間程度、アクセンチュアという外資系企業で二〇年程度仕事をしてきたので、英語で何とかコミュニケーションをとれる。しかし、日本語で伝えることのできるような強い想いを英語ではうまく伝えることはできない。そのため、私は重要な会議では同時通訳を使う。彼らは私が英語で話すよりは、余程うまく、私の日本語のニュアンスを英語に変換してくれる。これは私だけの特殊なケースではなく、第一章で説明したように、アクセンチュアの日本での経営会議もこの方式を採用している。日本の経営会議には、さまざまな国籍のメンバーが参加する。かつては同時通訳を使わず、会議では全員が英語を使った。しかし、議論を活性化するために、経営会議に同時通訳を入れたところ、かつて英語のみで行っていた会議に比べ、議論の質が飛躍的に向上した。また、毎回同じ同時通訳者を入れることで、社内特殊用語などの理解も進んで、より自然なコミュニケーションが可能になっている。このように、「言語」の壁は、同時通訳を使うことでクリアすることをお勧めする。それによって戦略が実行できるならば、同時通訳のコストは安いものだ。

三．ハイパフォーマンス企業への進化のアプローチ

ハイパフォーマンス企業への道のりは長く険しい。改革の途上では、人員、事業、資産の三つのリストラを行う必要に迫られるだろう。一緒に仕事をしてきた仲間、思い入れのある事業や資産などを失うことへの現場の抵抗は、とても大きい。しかし、改革が難しいからといってのんびりやっていくわけにはいかない。ハイパフォーマンス企業はつねに進化し続けているのだから。

ここでは、スピーディに変革を実現する改革の進め方を説明したいと思う。それには社内の変革エネルギーを高め、有効に活用することが重要になる。

❶夢と社会的使命で変革エネルギーを高める

変革エネルギーを高めるためには、全社員の力を前に向けることが重要だ。ところが、多くの企業経営者は株主から四半期に一度、厳しくチェックされるために目先の業績に追われている。特に、今のような不況時にはなおさらだ。短期的な問題に追われ重要な戦略に手をつけることができず、さらに業績が悪化し、従業員は短期的な対応に振り回され、疲弊していくという悪循環に陥っている。このような状況にある企業は、この悪循環をしっかりと断ち切らないと変革にまでエネルギーが回らない。

悪循環を断ち切るためには、自社がどのような姿になろうとしているのかという「夢」や、自

社がどのような形で社会に存在意義を示そうとしているのかという「社会的使命」が、重要となる。人は夢の実現や社会への貢献によってこそ、大きく持続性のあるエネルギーを得ることができるものだ。

「夢」の例として、日本電産のビジョンを挙げよう。「二〇一一年度　連結営業利益一〇〇〇億円の達成、二〇一二年度　連結売上高一兆円の達成」というビジョンは、チャレンジングかつ自社がめざす姿が明確に表現されたものだ。また、多極化世界における企業の「社会的使命」としては、「グローバル版水道哲学」が適当だろう。従来どおりハイエンドにおいて、一握りの豊かな人により豊か生活をしてもらうのもいいが、膨大な数の貧しく人間らしい生活ができない人に水道のような低価格で豊かな生活をできるようにすることこそが、社員のエネルギーを生み出すのではないだろうか？

このような「夢」や「社会的使命」を、経営理念やビジョン、ミッションとして表現し、掲げることがまず第一歩である。ところが、多くの企業では立派な経営理念がありながら、形骸化しているのが現状だ。パナソニック、トヨタ、ホンダ、京セラ、武田などは確かな社会的使命に基づいた経営理念を保有しており、それらが社員の末端まで浸透している。経営理念に「魂」が入っているのだ。海外でこのように「魂」の入った経営理念を持つ企業としては、P&Gやジョンソン・エンド・ジョンソンなどが有名だ。彼らは何度か経営危機を経験しているが、大きなエネルギーで苦難を乗り越え、復活後さらにパワーアップしている。

それでは、経営理念に「魂」を入れるにはどうすればいいだろう？

一つめは、松下幸之助氏のように、経営者自身が経営理念に従って生活し、経営理念をあらゆる角度から社内外に言って聞かせることだ。このように経営者が「経営理念を生きる」ことにより、言葉の意味を社員が実例を通じて理解することができ、浸透するのだ。二つめは、歴史・危機を共有することによって、理念を社員に刻み込むという方法だ。P&Gやジョンソン・エンド・ジョンソンのホームページを見ると会社の創設からの歴史が詳しく語られている。歴史と経営理念が結びつくことで、社員は経営理念にドラマを感じ、心の中にまで浸透させる。経営理念は歴史により人の心に刻印されるのだ。

だが、カリスマ経営者もおらず、ストーリー性に満ちた歴史もない企業はどうすればいいのか？全社に夢や価値観を浸透させるために、それに沿った行動をした経営幹部や社員を表彰するという方法がある。たとえば、アクセンチュアではわれわれの「コアバリュー」と呼ぶ価値観に合う行動をした社員を、項目別に全社員から推薦してもらう。その中から、コアバリュー委員会がベストコアバリュー賞受賞者を選び、年に一度のパーティーで表彰するのだ。

もう一つ、経営理念の浸透には、経営理念をシンプルに再構築することも重要だ。現在の社員にはかつてのような長い経営理念は覚えきれない。パナソニックでは松下幸之助氏の綱領「産業人タルノ本分ニ徹シ　社会生活ノ改善ト向上ヲ図リ　世界文化ノ進展ニ寄与センコトヲ期ス」を、今では〝社会の発展のお役に立つ〟企業というように言い換えて経営理念の徹底を図っている。

夢や社会的使命とともに、変革を当たり前とする文化を醸成することも変革エネルギーを高める。ハイパフォーマンス企業では「Change or Die（変わらなければ死ぬ）」というスローガンを経営幹部が社員に何度も唱えることにより浸透させている。

また、変革エネルギーを高めるには、社員の現実的な欲求を変革により満足させることが可能であることを示すことも重要だ。金銭的な報酬も変革へのエネルギーを生み出す。かつての日本がそうであったように、中国やインドなどではキャリアの成功とともに報酬も飛躍的に上がるため、「成長」のエネルギーが強い。先に触れてきている、アクセンチュアがグローバルで行った調査結果によれば、日本人の金銭的報酬に対する不満は多い。変革が成功すれば報酬がどれだけ得られるかを示すことも、エネルギーを生み出す一つの方法と言えるだろう。

❷変革の効率性を高める

次に、効率的に変革エネルギーを投入し、少ない投資で効果を最大化することを考えてみよう。そのためには、二つのことが必要になる。まず一つめは、ベストプラクティスに学ぶことだ。スピーディにハイパフォーマンス企業に追いつくためには、謙虚に「学ぶ」ことが重要になる。そして二つめは、変革の対象とする領域をフォーカスすることだ。すべての領域の変革に同時に着手しては、スピードも体力もとても追いつかない。ビジネスインパクトの強い領域に絞り込む必要がある。

▼ベストプラクティスから「学ぶ」

現在のハイパフォーマンス企業の多くが変革をスタートしたときには変革の前例はなく、長期の青図があったわけではない。彼らは走りながら考え試行錯誤を重ねることによって、ハイパフォーマンス企業へと徐々に進化してきたのだ。そして現在では、彼らの成し遂げてきた変革の軌跡から学習することができる。ハイパフォーマンス企業は業種の違いがあっても、経営理念から業務プロセス・組織・情報システムまでもが比較的似ている。スピーディにハイパフォーマンス企業に追いつくには、基本的な部分を徹底的に真似て、その後自社の創意工夫を組み込んでいくのが有効な手段だろう。たとえば、一九九〇年代の半ば、コマツの世界標準経営の導入は、彼らのアメリカと日本のオペレーションやマネジメントの格差への気づきをきっかけとして、まずはアメリカを真似たところから始められた。そのときにはオペレーションが現在のような姿になるとは想像しなかったと同時に、これほど新興国市場が拡大し、世界標準の効果が発揮されるとは予想しえなかっただろう。

真似るべきは先進国企業だけではない。中国のハーウェイ・テクノロジーや韓国のサムスン、LG、メキシコのセメックスなど、新興国のハイパフォーマンス企業からも学ぶ必要がある。日本企業の経営者が想像しているよりはるかに彼らの経営モデルは斬新であり、極めて先進的である。『ジャパン・アズ・ナンバーワン』が出版されたとき、欧米企業は「日本企業はまだライバルではない」と考えているうちに日本企業に追いつかれ、追い抜かれた。同様に、日本企業も傲慢になり、このまま新興国のハイパフォーマンス企業を無視し続ければ、現状以上に格差をつけられる可能性が高い。なぜなら、彼らはすでにハイパフォーマンス企業であるが、いまだ貪欲に日本企業から学ぶ姿勢を持っているのだから。

▼領域をフォーカスする

第六章で見てきたようにプロセス・組織・ＩＴの三位一体の改革でないと、十分な効果は得られない。だが一気にすべてに着手することは非常に困難である。今ではハイパフォーマンス企業の改革の前例があるため、中長期的な変革全体の青図は描きやすい。青図を描いたら、次にその中の優先度を決め、最初に着手するポイントを決めることが必要になってくる。進める順序は企業によって異なる。たとえば、ものづくりやオペレーションの標準化において、トヨタは工場業務、コマツは情報システム、ノキアは製品、ユニクロは素材の標準化から始めた。

また、プロセスごとに優先度を設定するというやり方もある。Ｐ＆Ｇはバックオフィス機能の集約化、本社機能のグローバル化、「Idea to Market」（製品のアイデアが浮かんでから実際に市場が出るまでの時間）を短縮することにフォーカスするという順序で実施している。

❸「しがらみ」を断ち切る

大きな変革を成し遂げるためには、「抵抗勢力」の基になる「しがらみ」を断ち切る必要がある。

これまで日本企業の多くは「カイゼン」活動の中で、改革チームと現場がしっかり意見を交換し、お互いの「合意」を得て徐々に変化していくというアプローチをとってきた。しかし、本書で説明してきたような、企業経営の方向性を変える変革を行うには「合意型」アプローチでは不可能だ。では、大きな変革を可能にするアプローチとは何か？　これから説明していこう。

▼極端に一方に振る

多くの日本企業では変革を始めるに際し、決定前に皆の意見を聞いて「中庸」をとったり、算盤をはじいて「最適解」を求めたりする。これらのアプローチは一見よさそうだが、実際に改革を進めていくと、現状に引きずられて中途半端に終わる場合が多い。

企業を大きく変えるには、現状とは逆の方向に極端に振ることが有効な打ち手だ。P&Gやノキアにおいて、地域や事業で細分化していたシステムを、一度厳格にグローバルで統一し「グローバル・ワン・システム」に変更したのもこの例である。徹底的に標準化にこだわってワンシステムを作り、その後でローカルの個別ニーズなどを組み込んでいくアプローチだ。

しかし、全体最適が個別最適と等しくないのは当然で、現場からの強い反対に合うことは間違いない。しかし現場からの反対にめげていては、変革は実現できない。現場の反発にどう対応するべきか？　ハイパフォーマンス企業はコミュニケーションに多くの時間を割く。変革型アプローチでは、コミュニケーションを通じてすでに「決まった方針」への理解を求めることが目的となる。決して現場と相談して方針を決めるためではなく、方針に納得してもらうために執拗なコミュニケーションを行うのだ。しかし、「極端に一方に振る」というアプローチは変革により既得権益を失う人からの強い抵抗を打ち破って成し遂げる必要があり、大変な困難を伴う。このアプローチは、経営トップに強いリーダーシップがある企業しか取れないだろう。

武田薬品では、一九九五年から二〇〇〇年の中期計画で「日本オリジンのグローバル企業」への集大成となる構造改革を実行した。海外売上比率五〇％達成とそれに向けたグローバル企業として通用する生産性を実現するために、大胆な研究所や工場の閉鎖、役員大幅カットを含む社員のリストラ、成果主義の人事制度導入等の厳しい改革を実施した。

武田國男氏は自らの著書『落ちこぼれタケダを変える』の中で、改革断行時の様子を次のように語っている。「『お前みたいなボンボンに何がわかる』といった内容の匿名の手紙が何通も自宅に送りつけられた」。また、これらの改革の成功に関して、「やはり、不安になるときがあった。一万人の生活がかかっていると思うと眠れない日が続いた」という。

武田家を引き継ぐ國男氏でもこれだけの苦労をされたのであるから、非常に強いリーダーシップが必要だということだろう。

▼第二東名を作る

説明してきたように、「極端に一方に振る」というアプローチは現場の抵抗も大きく、企業を危機に晒す。そこで代替案が、既存のものを変えるのではなく「新しいものを作る」というアプローチだ。東京と名古屋の高速網を拡充する際の、東名高速を拡張するのではなく新しい高速道路を新たな場所に作るという考え方に因んで、「第二東名を作る」という言葉がアナロジー的に使われる。

実際の構築の仕方としては二パターンある。一つは、既存事業の中からモデル事業を選択して新しい経営モデルを作るというやり方だ。モデル事業は当事者が変革に前向きな事業とする。もう一つは、富士通が二〇〇八年、海外でのサーバー事業を強化し新興国市場への参入を図るためにドイツのシーメンスとの折半合弁会社である富士通シーメンスを完全子会社化したように、買収を契機としてグローバルに通用する経営基盤を新たに作るものだ。また、先述したＪＴＩ（ＪＴインターナショナル）の事例もこの例だ。モデル事業で優れた経営モデルを作りそれを他の事業に展開していくのがこのやり方で、海外企業の買収の場合、このケースが多い。

「第二東名を作る」アプローチでは段階的に変革していくため、全社が変わるまでに時間がかかるのが難点だが、日本企業にとっては現実的なアプローチと言えるだろう。

四. ラストチャンスを活かし、再び世界の頂点へ

日本政府の発表によれば、景気は底を打ったということである。このニュースは、日本企業にとっては喜ばしいと同時に悲しい側面もある。というのは、世界の景気が底を打ち、今後世界経済や金

融機能が回復してくれば、先進国企業も新興国企業も積極的な成長戦略をとってくるからだ。彼らはキャッシュフロー経営やROE経営を徹底しているため、余分なキャッシュや資本をもっておらず、不況時には日本企業に比べてキャッシュが使えない。すなわち、日本企業にとっては今こそが変革のチャンスなのである。ライバルたちが動き出す前に、迅速に決断し実行に移ることが必要だ。

不況を抜けた途端、多極化により成長する市場は彼らに押さえられ、日本企業が買収したいと考える世界中の企業が彼らに買収されるという状況が予想される。加えて、彼らがグローバルスケールを活かして日本市場まで攻め込んでくる可能性すらある。ますます日本企業に時間はない。彼らが息を吹き返す前に、逆に彼らに追いつき追い越さなくてはならない。日本企業にとって、このチャンスにライバルたちを追い抜く可能性は高い。

というのは現在のハイパフォーマンス企業のオペレーションは比較的真似がしやすいからだ。欧米人は、一般的に大きなアイデアを出すことは得意だが、深く掘り下げることは苦手だと言われる。逆に、日本人は、深く掘り下げることは得意だが、大きなアイデアを出すことは苦手だと言われる。大きなアイデアを出すことは一握りの優秀な人材がいれば可能だが、深く掘り下げるには優秀な現場が必要だ。そのため、深く掘り下げるほうが真似をするのは難しいのだ。

日本人が大きなアイデアを出すことに努力し、得意の深く掘り下げていくことを継続していけば、欧米型のハイパフォーマンス企業には真似のできない経営スタイルを構築することが可能になる。日本企業が、再度グローバルのトップをとることは、決して不可能でないのだ。

おわりに

本書をお読みいただきありがとうございます。本書を通じて、読者の方のハイパフォーマンス企業がこれまでどのように進化し、現在どのような姿になっているかについての理解が少しでも深まったことを願っています。

私が経営コンサルタントとして仕事を始め今年で二〇年になりました。本書は、私が経営コンサルタントとしてこれまでに学んだことや感じていたことを、読者の方に共有させていただき、皆さんの仕事に少しでもお役に立てていただければとの想いで書いたものです。

本書をまとめていくにつれて、実のところ、少し複雑な心境に陥ってしまいました。本書でも触れたように、二〇年前というと日本企業は絶頂期を謳歌しており、欧米のハイパフォーマンス企業は飛躍的な進化を始めた時期とだいたい一致します。私は経営コンサルタントとしてのキャリアの二〇年の中で、まさに日本企業の凋落を身をもって経験してきたのです。

思い起こせば一九九〇年、アクセンチュアへの入社と同時に私はアメリカで勤務することになり、通信業や製造業を主なクライアントとしてコンサルタントとしてのキャリアをスタートさせました。その当時、米国企業は日本企業に敬意を持っており、日本企業の経営のやり方を教えてくれという依頼も多く、私は新米のコンサルタントにもかかわらずひっぱりだこでした。しかし、今となっては、もはや日本企業の経営のやり方を学びたいという要望はめったに来ることはありません。

日本企業の存在感の低下は現在でも底打ちしたわけではないでしょう。日本企業は今後抜本的に変わらなければ、ますます厳しい状況に陥るリスクがあるように思われます。このように危機を覚える理由として、以下に三つほど挙げます。

一つは、現在の日本企業では、世界で唯一とも言える圧倒的な存在感を示す自動車業界でも、今回の不況で経営状況は大幅に悪化しているということです。また、電気自動車という大きな技術転換が起こり、業界構造の大きな変化が予測されており、トヨタやホンダといった超優良企業においてでさえもリスクは高まってきています。

二つめは、新興国企業の参入による競争の激化です。これからは先進国企業に加え、かつて日本企業が欧米企業の競争相手になったように、新興国企業も日本企業の競争相手になります。ライバルが増えたことで、グローバル競争はますます熾烈を極めるでしょう。

三つめは、あらゆる業界におけるグローバル化の進行です。たとえば地域性による嗜好が強いためこれまではグローバル化とは縁の薄い業界と言われた食品や流通業界も、今ではグローバル競争の波にさらされています。このように、あらゆる企業が近いうちに激しいグローバル競争に巻き込まれることが予測されます。

まさに現状の日本企業は、変革しなければ死んでしまう「Change or Die」の状況だと言えるでしょう。

私は今でも日本企業のポテンシャルは高いと思っています。日本企業が謙虚になり、必死に世界中のハイパフォーマンス企業から学んで自らを変革することができれば、再び世界の頂点に立つことが可能だと確信しています。

この本が日本企業の変革の一助となり、私の経営コンサルタントとしての経験がこの二〇年を境に日本企業の凋落の歴史から発展の歴史に転じれば、幸甚の至りです。

西村　裕二

二〇〇九年一〇月

Nov 16 2007 p. 4
● 松下電器産業 綱領
● 『落ちこぼれタケダを変える』武田國男（日本経済新聞社、2005 年）

［ウェブサイト］
● 「米ムーディーズ、インドのタタ・モーターズ格下げを検討、ジャガーなど買収で」AFPBB News（2008 年 1 月 6 日）
http://www.afpbb.com/article/economy/2333115/2502028
● 「旧宗主国の名門企業を買収したタタ　常識破り経営の成否」ダイヤモンドオンライン（2008 年 4 月 2 日）
http://diamond.jp/series/inside/04_05_003/
● 「インド・タタが英ジャガー再生に挑む」日経ビジネスオンライン（2008 年 4 月 2 日）
http://business.nikkeibp.co.jp/article/world/20080401/151806/?P=1&ST=money
● 「グローバル・スタンダード経営革新」吉田寿、三和総合研究所
http://www.murc.jp/report/ufj_report/302/23.pdf
● 「経営理念」日本電産
http://www.nidec.co.jp/corporate/vision/index.html
● 「富士通　独シーメンスとの合弁会社を買収」MSN 産経ニュース（2008 年 11 月 4 日）
http://sankei.jp.msn.com/economy/business/081104/biz0811042135010-n1.htm

● 財団法人海外職業訓練協会／Retention.naukrihub.com, Attrition Rates in Different Sectors In India

［ウェブサイト］
● 「世界地図で見定めるオフショア先の“コスト”と“リスク”」ステファニー・オーバビー、CIO Online
http://www.ciojp.com/contents/?id=00003763%3Bt=66
● 「プロクター・アンド・ギャンブル（P&G）グローバルに考え、ローカルに行動する新CRM戦略」メグ・ミッチェル・ムーア、CIO Online
http://www.ciojp.com/contents/?id=00000085%3Bt=21
● 「エーザイがめざす姿って?」エーザイ
http://www.eisai.co.jp/ir/individual/digest/point4_1.html

第7章　経営管理力――小さな本社から強い本社へ

［社内資料］
● Accenture Middle Management Satisfaction

［社外資料］
● Tony Siesfeld, Valuing Intangibles: Putting a Price on Brand, *Knowledge Directions*, Fall/Winter, 2001（アクセンチュア海外資料 Enterprise Performance Management – Transforming finance in the journey to value-based management より）
● 東洋経済オンライン（2009年3月12日）
● 『エマソン　妥協なき経営』チャールズ・F・ナイト（波江一公訳、ダイヤモンド社、2008年）p. 3
● 『現代の経営』P. F. ドラッカー（上田惇生訳、ダイヤモンド社、2006年）
● 『7つの習慣』スティーヴン・R・コヴィー（川西茂訳、キングベアー出版、1996年）

第8章　日本企業のハイパフォーマンス企業への挑戦

［社外資料］
● "Proctor & Gamble: Organization 2005(B)", Harvard Business School,

第5章　ものづくり力——各国対応から世界標準へ

[社外資料]

- 「サムスン電子におけるリバース・エンジニアリング型開発プロセス——イノベーションを追求することは競争優位の源泉につながるのか?」東京大学ものづくり経営研究センター（糸久正人、猪狩栄次郎、吉川良三）
- 「ニッポンに圧勝したサムスンのグローバル戦略」@IT MONOist（2008年9月9日）
  http://monoist.atmarkit.co.jp/fpro/articles/forefront/05/forefront05c.html
- 「デジタルカメラとカメラ・モジュールに見る日本企業の標準化ビジネスモデル」小川紘一、東京大学知的資産経営総括寄付講座
  http://www.iam.dpc.u-tokyo.ac.jp/workingpapers/pdf/papers_090608ogawa.pdf
- 『日経エレクトロニクス』2006年4月24日号 p. 86
- 『DIAMOND ハーバード・ビジネス・レビュー』2006年8月号 p. 48
- Nokia CEO Olli-Pekka Kallasvuo at the Nokia Annual General Meeting 2009: "Irresistable" Solutions Combining Devices and Services Will be a Key to Future Success April 23,2009

[ウェブサイト]

- 「開発者が語るインサイトのインサイドストーリー」フェルディナント・ヤマグチ、日経ビジネスオンライン（2009年5月26日）
  http://business.nikkeibp.co.jp/article/life/20090526/195748/

第6章　オペレーション力——カイゼンから標準化へ

[社内資料]

- 「新たな試練に勝ち残るための新たな戦略」アクセンチュア広報誌『アウトルック』（June 2009）
- 「ハイパフォーマンス企業のグローバル・プラットフォーム形成の道筋」（090714 Cost Seminar v1.ppt）

[社外資料]

- "Proctor & Gamble: Organization 2005(B)", Harvard Business School, Nov 16 2007 p. 4

第４章　M&A力――足し算から掛け算へ

［社内資料］

- 「規模獲得型 M&Aと能力獲得型 M&A」（M&A Sales Deck2 200811_v2.ppt）
- 「アクセンチュア　ハイパフォーマンスビジネス研究」
- 「M&Aのステップ」（20090708_新日石訪問_Ver13.ppt）

［社外資料］

- America Movil, Vale の 2008 年の売上高：Onesource
- 『日経ヴェリタス』2008 年 9 月 14 日
- 「世界経済の潮流I」内閣府、2008 年 6 月

［ウェブサイト］

- Arcelor Mittal Breaks Vallourec's Pipe Dreams, Forbes.com, 2007/7/20
  http://www.forbes.com/2007/07/20/vallourec-arcelor-mittal-markets-equity-cx_ll_0720markets18.html
- Acquisitions and Divestitures, Vale
  http://www.vale.com/vale_us/cgi/cgilua.exe/sys/start.htm?sid=385
- ブラジル日本商工会議所
  http://www.camaradojapao.org.br/jp/index.php?option=com_content&task=view&id=639&Itemid=267
- Virtual 金属資源情報センター
  http://www.jogmec.go.jp/mric_web/news_flash/08-51.html
- 「米ムーディーズ、インドのタタ・モーターズ格下げを検討、ジャガーなど買収で」AFPBB News（2008 年 1 月 6 日）
  http://www.afpbb.com/article/economy/2333115/2502028
- 「旧宗主国の名門企業を買収したタタ　常識破り経営の成否」ダイヤモンドオンライン（2008 年 4 月 2 日）
  http://diamond.jp/series/inside/04_05_003/
- 「インド・タタが英ジャガー再生に挑む」日経ビジネスオンライン（2008 年 4 月 2 日）
  http://business.nikkeibp.co.jp/article/world/20080401/151806/?P=1&ST=money

第3章　市場創造力——市場参入から市場創造へ

［社内資料］

- MPW3: Global choices for global challenges – Strategies for achieving high performance in a multi-polar world (PowerPoint presentation), Jan 2009

［社外資料］

- Nokia Annual Report 2008(Nokia in 2008), pp. 2-3
- P&G Annual Report 2008, p. 3
- Nestle Annual Report 2008, p. 38
- 『ネクスト・マーケット』C・K・プラハラード（スカイライト コンサルティング訳、英治出版、2005年）
- "The art of innovating on a shoestring", Donald N. Sull & Alejandro Ruelas-Gossi, Financial Times Mastering Innovation, 2004

［ウェブサイト］

- "Tata Motors' CRM-DMS initiative crosses the 1000th location milestone", Tata Motors, 2007/1/1
  http://www.tata.com/company/releases/inside.aspx?artid=6nnOgmCs8lc=
- 「タタやロレアル、インテグレーション要らずのOracle AIAでビジネスを加速」ITMedia エンタープライズ（2008年9月24日）
  http://www.itmedia.co.jp/enterprise/articles/0809/24/news016_3.html
- "What Women Want in Vehicle Interior Design", Design News, 2008/9/8
  http://www.dexigner.com/design_news/what-women-want-in-vehicle-interior-design.html
- "How did Nokia Succeed in the Indian Mobile Market, while its rivals got hung up", Wharton, 2007
  http://knowledge.wharton.upenn.edu/india/articlepdf/4220.pdf?CFID=4444379&CFTOKEN=27993802&jsessionid=a830960899014db7d8ea7b306e6823315c47
- 『続・インドの衝撃』NHKスペシャル取材班（文藝春秋、2009年）p. 58
- Euromonitor 2007
- 「本格的な3G導入が始まった中南米の携帯電話市場」ITPro（2008年10月2日）
  http://itpro.nikkeibp.co.jp/article/COLUMN/20080925/315423/

- 「TBR 産業経済の論点　韓国ライバル企業を追う②　存在感を増す韓国グローバル企業　事例②サムスン電子」東レ経営研究所（2008 年）
- 『韓国電子・IT 産業のダイナミズム――グローバルな産業連携とサムスンの世界戦略』張秉煥（そうよう、2005 年）
- "Inspiration from Emerging Economies", BusinessWeek, March23&30, 2009, pp. 38-41
- 「特集「電機」全滅」、『週刊ダイヤモンド』（2009 年 2 月 21 日）
- 「乱気流時代を乗り切る経営」ドナルド・N・サル、『DIAMOND ハーバード・ビジネス・レビュー』（2009 年 5 月号）p. 49
- Participation Strategy, Prashant Thakker, 2008

［ウェブサイト］

- 「スタンダードチャータード銀行：中国で農村銀行の設立を計画」China Press（2009 年 5 月 12 日）
  http://www.chinapress.jp/release/11084/
- 「スタンダードチャータード初の農村銀行、内蒙古で開業」人民網（2009 年 2 月 5 日）
  http://j.peopledaily.com.cn/94476/6586644.html
- 「マイクロファイナンス・セクター向けにクレジットリンク債を発行」国際金融公社（2008 年 5 月 15 日）
  http://www.ifc.org/ifcext/tokyo.nsf/Content/news_others_2008
- "USAID, Standard Chartered Partner on Economic Growth in Africa", Micro Capital, 2008/11/13
  http://www.microcapital.org/press-release-usaid-standard-chartered-partner-on-economic-growth-in-africa/
- "Chinese Regulator gives nod to Citigroup for Two Microfinance Firms", Micro Capital, 2008/10/25
  http://www.microcapital.org/news-wire-chinese-regulator-gives-nod-to-citigroup-for-two-microfinance-firms/
- 「塩野義、米医薬企業を買収　1500 億円で」
  http://kumanichi.com/news/kyodo/main/200809/20080901009.shtml
- 「塩野義が米薬品のサイエル社を買収、米販売体制を整備」プレジデントロイター（2008 年 9 月 1 日）
  http://jp.reuters.com/article/businessNews/idJPJAPAN-33533920080901

http://en.wikipedia.org/wiki/List_of_countries_by_foreign_exchange_reserves
- 「主要経済指標」外務省経済局調査室（2009 年 4 月 8 日）
- 「2008 年、中国財政赤字 1110 億元　欧米日より低水準」中国大使館（2009 年 2 月 3 日）
  http://jp2.mofcom.gov.cn/aarticle/aboutchina/economy/200902/20090206026523.html
- 「中国経済四半期報告（2008 年第 4 四半期）」富士通総研
  http://jp.fujitsu.com/group/fri/report/china-research/economic-report/2008-4q.html
- 「9500 億元、最大の財政赤字をどう見るか?（サーチナ）」エキサイトニュース（2009 年 3 月 25 日）
  http://www.excite.co.jp/News/economy/20090325/Searchina_20090325100.html
- 『通商白書 2008』第 1 章第 3 節「拡大する新興国経済」
  http://www.meti.go.jp/report/tsuhaku2008/2008honbun/html/i1310000.html
- 「電話契約者、10 億人の大台に迫る――中国」ヤフーニュース（2009 年 1 月 23 日）
  http://headlines.yahoo.co.jp/hl?a=20090123-00000004-rcdc-cn
- 「中国、自動車販売台数で世界一に」ITMedia エグゼクティブ（2009 年 2 月 20 日）
  http://mag.executive.itmedia.co.jp/executive/articles/0902/20/news045.html
- 「タタ〈ナノ〉予約フォームに大反響」日経 BizPlus（2009 年 4 月 13 日）
  http://bizplus.nikkei.co.jp/colm/india.cfm?i=20090413cq000cq

第 2 章　多極化時代のハイパフォーマンス企業

［社内資料］

- ハイパフォーマンス企業の成長パターン・グローバル経営を成功させる 5 つのポイント：090714 Cost Seminar v1.ppt

［社外資料］

- グローバル企業と日本企業の財務パフォーマンス：Thomson ONE, Onesource

参考文献

第1章　不況の今こそ求められるパラダイム・シフト

[社内資料]

- Shareholder Value Targeting When Good Management Shows: Creating Value in an Uncertain Economy, Jane C. Linder and Brian F. McCarthy, 2002, Accenture
- MPW3: Global choices for global challenges – Strategies for achieving high performance in a multi-polar world (PowerPoint presentation), Jan 2009
- 「米国における勝者企業と敗者企業の業績推移・レイオフ実行企業 vs. 未実行企業の株主価値推移」（090714 Cost Seminar v1.ppt）
- 「日本の自動車の小型化」アクセンチュア広報誌『アウトルック』（June 2009）

[社外資料]

- IMF, Survey, April, 2009
- "Nokia Corporation Innovation and Efficiency in a high-growth global firm", Stanford Graduate School of Business, 02/08/01, rev'd 07/07
- The Expanding Middle; The Exploding World Middle Class and Falling Global Inequality, July7, 2008, Goldman Sachs
- Figure 5.8. Poverty and employment rates, around mid-2000s, OECD

[ウェブサイト]

- 『通商白書 2005』第 2 章「東アジアの持続的・自律的成長の胎動」
  http://www.meti.go.jp/report/tsuhaku2005/2005honbun/html/H2122000.html
- 「中国の外貨準備高、頭打ち　輸出減少が要因」Asahi.com（2009 年 4 月 11 日）
  http://www.asahi.com/business/update/0411/TKY200904110189.html
- 「外貨準備等の状況」財務省ホームページ
  http://www.mof.go.jp/1c006.htm
- Foreign Exchange Reserves, Wikipedia

● 著者紹介

西村 裕二

Yuji Nishimura

アクセンチュア株式会社 執行役員 経営コンサルティング本部 統括本部長

大手化学会社を経て1990年アクセンチュア入社。米国での経営コンサルティング経験を経て、帰国後、日本にて製造流通業、通信ハイテク業界を中心に数多くのコンサルティングに従事。特に、多極化世界に対応した日本企業のグローバルでのM&Aを含めた成長戦略を得意領域としている。製薬業界 アジア・パシフィック統括、戦略グループ統括を経て2006年経営コンサルティング本部統括に就任、(2009年から戦略グループ アジア・パシフィック統括を兼任し)、現在に至る。共著に『バリューネットワーク戦略』(ダイヤモンド社)、『サプライチェーン理論と実践』(ダイヤモンド社)等。またその他講演、論文、寄稿なども多い。

● 英治出版からのお知らせ

弊社ウェブサイト（http://www.eijipress.co.jp/）では、新刊書・既刊書のご案内の他、既刊書を紙の本のイメージそのままで閲覧できる「バーチャル立ち読み」コーナーなどを設けています。ぜひ一度、アクセスしてみてください。また、本書に関するご意見・ご感想をE-mail（editor@eijipress.co.jp）で受け付けています。たくさんのメールをお待ちしています。

アクセンチュア流　逆転のグローバル戦略
ローエンドから攻め上がれ

発行日	2009年11月15日　第1版　第1刷 2010年　4月　5日　第1版　第2刷
著者	西村裕二（にしむら・ゆうじ）
発行人	原田英治
発行	英治出版株式会社 〒150-0022 東京都渋谷区恵比寿南1-9-12 ピトレスクビル4F 電話　03-5773-0193　　FAX　03-5773-0194 http://www.eijipress.co.jp/
プロデューサー	高野達成
スタッフ	原田涼子　鬼頭穣　大西美穂　岩田大志　藤竹賢一郎 デビッド・スターン　山下智也　杉崎真名 百瀬沙穂　渡邉美紀　垣内麻由美
印刷・製本	シナノ書籍印刷
装丁	英治出版デザイン室

ISBN978-4-86276-069-2　C0034　Printed in Japan

世界を変えるデザイン *Design for the Other 90%*

ものづくりには夢がある

シンシア・スミス編　槌屋詩野監訳　北村陽子訳

世界の90%の人々の生活を変える「ものづくり」とは?　夢とアイデアから生まれたデザイン・イノベーションの実例をカラー写真とともに紹介。

定価：本体 2,000 円＋税　ISBN978-4-86276-058-6

アフリカ　動きだす9億人市場

ヴィジャイ・マハジャン 著　松本裕訳　*Africa Rising*

アフリカには莫大なビジネスチャンスがある!　各国を旅しながら9億人の消費者を擁する巨大市場の可能性を豊富な事例で紹介する。

定価：本体 2,200 円＋税　ISBN978-4-86276-053-1

国をつくるという仕事

西水美恵子著

夢は、貧困のない世界をつくること。世界銀行副総裁を務めた著者が、23 年間の闘いの軌跡を通して政治とリーダーのあるべき姿を語る。

定価：本体 1,800 円＋税　ISBN978-4-86276-054-8

ワールドインク *World Inc.* なぜなら、ビジネスは政府よりも強いから

ブルース・ピアスキー 著　東方雅美訳

今日の世界では、一握りの多国籍企業が政府よりも強大な力を握っている。その経済・ビジネス・環境にもたらすインパクトを読み解く一冊。

定価：本体 1,900 円＋税　ISBN978-4-86276-024-1

ネクスト・マーケット *The Fortune at the Bottom of the Pyramid*

「貧困層」を「顧客」に変える次世代ビジネス戦略

C・K・プラハラード著　スカイライト コンサルティング訳

所得階層の底辺（BOP）――貧困層市場の可能性を豊富なケーススタディと骨太の理論で描いた画期的論考。世界的ベストセラー。

定価：本体 2,800 円＋税　ISBN978-4-901234-71-9